ALFRED PIATTI

par

MORTON LATHAM

traduit de l'Anglais

par

le Dr. Samuel Bonjour

1905.

Alfred Piatti.

Esquisse,

par

Morton Latham.

24 Avril 1905.

NANTES :
IMPRIMERIE F. SALIÈRES,
12, Rue Santeuil,
1905.

A ANDRÉ HEKKING.

C'est à la grande obligeance de M. Morton Latham, auteur de cet ouvrage, et de MM. A. Hill et fils, de Londres, ses éditeurs, que nous devons la gracieuse autorisation d'en publier la traduction en français.

C'était à toi, bien cher Ami, que revenait de droit la dédicace de cette traduction, à laquelle notre ami Louis Cézard et moi avons apporté tous nos soins.

Cette très intéressante et fidèle esquisse contient tous les faits dont se compose la vie d'un grand artiste, et tu y trouveras maints détails communs à Alfred Piatti et à toi : Comme lui, en effet, c'est dès ton âge le plus tendre que tu as consacré ta vie, sous la direction d'un oncle vénéré, maître en son art, à l'étude de cet instrument admirable, aux polyphonies troublantes, à la voix humaine, de ce roi des cordes — le Violoncelle.

Comme Piatti, tu as poursuivi sans relâche le but final — la maîtrise incontestable et incontestée ; — comme lui, tu l'as atteint ce but suprême *qui permet de faire revivre les grands maîtres du passé ; et cette royauté dont le grand disparu a tenu le sceptre d'une main si ferme pendant plus d'un demi-siècle, tu en portes déjà la couronne, noblement, simplement, et sans que ta tête fléchisse sous ce poids glorieux.*

Tu es la joie de tes amis, cher André, tu es leur orgueil et leur espoir, et c'est avec un indicible bonheur qu'ils te voient grandir chaque jour.

Accepte donc la dédicace de cette traduction comme un hommage de ma profonde affection pour l'homme et de mon admiration sans bornes pour l'artiste.

Dr Samuel BONJOUR.

Nantes, 24 Avril 1905.

NOTE.

Le portrait d'Alfred Piatti qui se trouve au commencement de cet ouvrage est la reproduction d'une photographie que m'a gracieusement prêtée Mme Ve Alfred Bernard, dont le mari, violoncelliste de mérite, a été pendant plus de trente ans mon ami.

M. Bernard tenait de Piatti lui-même cette photographie, faite en 1873, alors que le maître était âgé de cinquante-un ans ; elle est excellente, non seulement pour la ressemblance, mais encore pour l'expression de la physionomie.

C'est donc un devoir pour nous d'adresser ici de sincères remerciements à Mme Ve Bernard, dont l'obligeance nous a permis de reproduire cet intéressant portrait.

Dr S. B.

PRÉFACE.

Dans cette imparfaite esquisse, je n'ai pas cherché à faire simplement le panégyrique d'un homme dont les traits furent, pendant près d'un demi-siècle, si familiers aux habitués des cercles musicaux d'Angleterre, de celui dont le son vivra toujours dans la mémoire de ceux qui l'ont entendu, de celui qui fut si estimé et si aimé de tous ceux qui l'ont connu. Des phrases simplement laudatives ne sont point à leur place dans la biographie d'un grand artiste ; superflues pour ceux qui l'ont entendu, elles sont inutiles à celles qui n'ont pas eu ce bonheur. J'ai tâché plutôt de peindre " l'homme " pour ceux qui n'ont connu que " l'artiste ".

C'est de la bouche même de Signor Piatti que je tiens tous les incidents de sa vie si active, que je vais rapporter, et plusieurs de ces pages ont été revues par lui-même, avant d'être remises à l'imprimeur. Il me faut ici remercier MM. Hill pour les renseignements qu'ils m'ont fournis ; M. F.-C. Pawle, qui m'a permis de reproduire le portrait peint par Holl ; enfin, et surtout, la comtesse Rosa Piatti-Lochis.

Morton LATHAM.

Juillet 1901.

ALFRED PIATTI

CHAPITRE I.

LES PREMIÈRES ANNÉES A BERGAME.

Sur un des éperons méridionaux des Alpes, dominant les vastes plaines de la Lombardie, avec les Apennins au Sud, et à l'Ouest, dans un lointain vaporeux, le Mont-Rose, se trouve située, à 400 mètres d'altitude, la ville de Bergame. Son origine est antérieure à celle de Rome, et elle possède, aujourd'hui encore, une ou deux tours de construction romaine, peut-être même plus antique. Cette ville est si ancienne que son nom actuel de « Bergamo » (que l'on prononce dans le patois local « Bergham », dérivé probable de l'allemand « Bergheim », à l'époque de l'occupation lombarde du nord de l'Italie), ne donne l'idée que d'une ville de fondation mo-derne.

La cité elle-même se divise en deux parties : la ville basse, qui est presque dans la plaine, et la ville haute, de près de 100 mètres plus élevée, reliées jadis par des rues très escarpées, dans lesquelles se trouvent les palais de l'aristocratie locale, et aujourd'hui, par une invention bien moderne, un funiculaire. La ville haute est encore couronnée par les fortifications anciennes, élevées au temps où Bergame était ville-frontière de la République de Venise. Au milieu d'elles se trouvent les bâtiments où siégeait le Gouvernement, le jardin public, la cathédrale, et, à côté de celle-ci, l'église municipale, bien plus importante, de « Santa-Maria Maggiore ». C'est ainsi que, dans certaines villes libres, à Lubeck, par exemple, des commerçants élevèrent une église municipale plus importante et plus belle que l'Evêché.

C'est dans cette ville que naquit, en

1801, d'une famille de musiciens, *Antonio Piatti*, qui fut violoniste et directeur de l'Orchestre de Bergame. Parlant du talent de son père, Alfred Piatti disait : « C'était un très bon violoniste, jouant « très juste, mais manquant un peu de « chaleur. » *Mayr*, maître de chapelle à Bergame, avait donné à Antonio Piatti un certificat établissant qu'il jouait assez bien pour que le public le prît pour *Rovelli*, un musicien très distingué de l'époque. Son jeu pouvait être froid, mais non le sang qui coulait dans ses veines, puisqu'à 19 ans il épousa une jeune fille de Bergame, *Marianna Marchetti*, âgée elle-même de 15 ans. Le premier fruit de cette union fut CARLO-ALFREDO PIATTI, né le 8 janvier 1822, dans une maison d'une vieille rue de la ville haute, la « Via Borgo Canale », à trois ou quatre portes de celle où naquit *Donizetti*. Cette maison aspectait le Nord, par conséquent la direction de ce pays que le grand artiste aima plus tard à l'égal du sien.

Le pauvre Alfredo (nous ne lui donnerons plus que ce prénom, lui-même n'ayant jamais fait figurer celui de Charles que dans des actes officiels et dans son testament), le pauvre Alfredo, disions-nous, ne jouit pas longtemps du bonheur des soins de sa mère, car celle-ci mourut à 17 ans, en mettant au monde un second fils.

Le jeune Alfredo commença l'étude du violoncelle à l'âge tendre de cinq ans, et son père lui démontra la nécessité de travailler en lui disant que, s'il ne parvenait à en jouer, il le ferait savetier. Le maître de l'enfant, à Bergame, fut son grand-oncle *Zanetti*, qui était à cette époque violoncelle principal à l'orchestre de Bergame ; c'était un bon exécutant et un bon musicien.

Pour prendre ses leçons, une viole de gambe de Gasparo da Salò, recoupée et transformée en violoncelle, lui fut prêtée par la famille Baglioni, de Bergame. Cet instrument existe encore à l'Ecole de Musique de Bergame, où il est conservé en souvenir de l'artiste dont elle est justement fière, et qui devint plus tard directeur de cette Ecole. L'enfant portait donc tous les jours sa viole de gambe de chez lui chez son oncle, qui habitait aussi dans la ville haute, et, pour s'y rendre, il avait à traverser le jardin de la ville, où les enfants avaient l'habitude de se réunir pour jouer aux billes. Une pareille tentation était de celles auxquelles nul gamin ne saurait résister ; aussi Alfredo posait-il sa viole dans un coin du jardin pour faire sa partie. Un jour, un certain bruit le fit se retourner brusquement, et il aperçut deux galopins qui se battaient: l'un d'eux, trouvant dans la viole une arme convenable, en avait frappé son adversaire si rudement que la tête de celui-ci avait complètement pénétré dans le fond de l'instrument.

Dans l'impossibilité d'aller prendre sa leçon avec un instrument en cet état, il ne lui restait plus qu'à rentrer chez son père, ce qu'il fit, tout en récitant le long du chemin force *Ave Maria* pour échapper à la correction qui l'attendait ; mais il ne l'évita pas ! Quelques jours, heureusement, le guérirent, et de bons soins remirent l'instrument en état.

Zanetti était déjà âgé lorsqu'il commença l'éducation de son neveu ; Piatti racontait que son oncle le faisait asseoir sur une chaise placée sur une table pour lui donner leçon, et qu'il était très patient avec lui.

Il semble que Piatti, de son propre aveu, n'ait jamais eu de mal à triompher des difficultés que présentent aux commençants l'étude du violoncelle, et que cette virtuosité surprenante qui a fait l'admiration de plusieurs générations lui soit venue naturellement.

Quand Alfredo eut sept ans, son oncle obtint pour lui la permission de jouer à l'orchestre du Théâtre. L'enfant ne devait toucher aucun salaire ; son oncle obtint pourtant du Directeur la promesse d'une gratification à la fin de la saison. Piatti joua donc pendant trois mois, la saison se composant de quarante soirées. Quand elle eut pris fin, le Directeur lui donna.

une gratification de dix francs, mais la
tante Zanetti lui en retint cinq, disant à
son mari : « C'est toi qui lui as appris le
« violoncelle, il n'est que trop juste que
« tu aies la moitié de cet argent. » Il n'est
pas douteux que, malgré son âge si
tendre, Piatti méritât mieux que cette
somme, représentant à peine o fr. 20 par
soirée, d'autant plus que son oncle étant
décédé avant le commencement de la
saison suivante, il fut engagé régulièrement à sa place, parmi les musiciens de
l'orchestre.

Pour un enfant de cet âge, les chaises
de l'Opéra de Bergame étaient trop hautes ;
aussi le fit-on asseoir sur le bord de la
rampe. C'était alors, en Italie, un usage
général d'intercaler entre les actes de
l'opéra un interminable ballet ; aussi la
seconde partie ne commençait-elle guère
avant onze heures. C'était donc là une
fatigue excessive pour un si jeune enfant.
Un beau soir, que Mme Pasta chantait,
dans la « Norma », la dernière scène,
avec « Pollione » : « In mia man' al fin

« tu sei ! » le malheureux enfant, qui s'était endormi, dégringola de son perchoir, brisant son violoncelle. Naturellement, Mme Pasta s'interrompit, mais, loin de se fâcher, elle éclata de rire et, ensuite, fit généreusement présent d'un nouveau violoncelle au jeune musicien.

Chaque soir, la représentation terminée, Alfredo, tenant son père par la main, regrimpait les rues vers la ville haute, dormant profondément tout en marchant.

Piatti s'est surtout illustré chez nous, en Angleterre, dans la musique de quatuors. Il commença à faire sa partie à cet âge si tendre, où il jouait déjà à l'orchestre. A cette époque, on aimait beaucoup la musique à Bergame, et l'on faisait régulièrement des quatuors dans trois ou quatre maisons. Un jour, avant la mort de Zanetti, Alfredo, qui n'avait encore que six ans, fut conduit par son oncle dans une de ces maisons, où il entendit un quatuor pour la première fois. Ayant regardé la partie de violoncelle, il fut très surpris d'entendre les assistants dire qu'elle était difficile, alors qu'il la trouvait, au contraire, fort simple, et ne put s'empêcher de dire : « Moi aussi, « j'aimerais bien à jouer un quatuor ! » Son oncle de le gronder, de le traiter d'impertinent, mais le maître de la maison prit le parti de l'enfant : « Lais- « sez-le donc jouer, puisqu'il le désire ! » Et Piatti joua un quatuor de Mozart, le premier de cette longue série de séances qu'il donna pendant le cours de sa vie. Plus tard, il fit la connaissance de deux fils de Mozart, l'un à Vienne, l'autre à Milan, mais, d'après lui, aucun d'eux ne manifestait d'aptitudes musicales.

Pendant tout le cours de sa vie, Piatti s'intéressa beaucoup à tout ce qui touchait, de près ou de loin, à l'art dans sa ville natale. Il existe encore à Bergame plusieurs familles du nom de *Locatelli*, mais Piatti n'a jamais pu savoir si elles sont apparentées avec le célèbre musicien de ce nom : bien plus ! on ignorait à Bergame si même il y était né, et l'on n'y a nul souci de sa renommée. Ce n'est pas comme à Amsterdam, où Locatelli passa les dernières années de sa vie et mourut. Il y était si considéré que, le jour de ses funérailles, tous les magasins fermèrent.

Ce n'est pas un des moindres mérites de Piatti que d'avoir contribué à la publication de musique ancienne, comprenant plusieurs Sonates de Locatelli. Piatti disait souvent : « Locatelli a dû « être un virtuose de premier ordre ; « certaines de ses œuvres sont d'une « grande difficulté, et je pense que Paga- « nini lui-même a beaucoup appris de « lui. »

Piatti resta à Bergame jusqu'à l'âge de dix ans. A cette époque, *Mayr*, maître de chapelle et directeur de l'Ecole de musique de cette ville, semble avoir pris en affection l'enfant et deviné son génie.

Mayr composa près de soixante-dix opéras et un grand nombre de messes, mais il faisait souvent des emprunts à des auteurs inconnus à Bergame, notamment à Beethoven. Il mourut à Bergame, et, sur sa tombe, dans l'église de Santa-Maria Maggiore, on grava un passage du *Kyrie* de l'une de ses messes, pour servir à la glorification de sa mémoire. Malheureusement, ce passage est identique au début du Trio en *ut mineur* de Beethoven.

Voici un exemple du cas que Mayr faisait du jeune artiste, tandis qu'il faisait partie de l'orchestre de Bergame :

Un grand festival musical eut lieu à Caravaggio, village voisin de Bergame. Quatre orchestres furent engagés à cet effet et disposés autour de l'église. Le premier jour, Mayr conduisit ses œuvres, *Coccia* le second, et *Mercadante* le troisième. Le premier jour, il y avait un important solo de violoncelle, et *Merighi*, professeur au Conservatoire de Milan, s'attendait à le jouer, mais ce fut par le jeune Piatti que Mayr le fit exécuter.

CHAPITRE II.

VIE D'ÉTUDIANT A MILAN.

En 1832, Alfredo Piatti, âgé de dix ans, se présenta au Conservatoire de Milan. L'un des professeurs, *Merighi*, était un peu indisposé contre lui, sans doute à cause de l'épisode de Çaravaggio, mais tous les autres professeurs étaient pour le jeune garçon. Merighi lui-même finit par s'adoucir, à cause du choix que fit Piatti d'un morceau de concours ; il est vrai qu'il ignorait le nom de l'auteur et qu'il trouvait cette composition détestable, en la comparant à celles de Romberg, qu'il jouait déjà couramment. Or, ce morceau était de Merighi lui-même, et ce n'était pas sans raisons que le père de Piatti l'avait fait choisir à son fils. Par une étrange coïncidence, il était dédié à un Anglais, *Théophile Burnand,* qui venait souvent à Milan, et qui, par la suite, devint un ami intime de Piatti.

L'enfant fut donc admis au Conservatoire, à titre d'élève boursier, et y resta cinq ans. C'était d'autant plus avantageux pour un jeune garçon pauvre que les élèves, outre l'enseignement gratuit, étaient logés et nourris.

A cette époque, le Directeur du Conservatoire était *Vaccaï*. D'après Piatti, c'était un excellent maître de chant, quoique en réalité un assez médiocre musicien. Il composa plusieurs opéras, entre autres un certain « Roméo et Juliette », dont la Malibran chantait toujours le dernier acte lorsqu'on donnait l'opéra de Bellini du même nom.

· A ce moment, il y avait vingt-quatre élèves boursiers au Conservatoire, plus six élèves payants. Tous étaient logés, garçons et filles séparément, au Conservatoire, et, comme ils étaient fort jeunes, on leur donnait une instruction générale, en dehors de la musique. *Giuseppina Strepponi*, qui, plus tard, épousa *Verdi*,

était au nombre des élèves. Ceux-ci
avaient certaines obligations à remplir à
l'Eglise, et les garçons y étaient enfants
de chœur. Un jour, Piatti, en disputant
un cierge à l'un de ses camarades, tomba
sur les degrés de l'autel et se fractura
une jambe. Verdi eut, lui aussi, dans
son enfance, un accident de ce genre, à
peu près dans les mêmes circonstances.

Les élèves n'avaient guère l'occasion
de faire de musique d'ensemble dans ce
Conservatoire, ce qui ne doit pas sur-
prendre si l'on songe qu'un des ouvrages
d'études qu'on leur donnait était un
arrangement en quatuors du « Guillaume
Tell » de Rossini. Il semble donc que la
Bibliothèque de l'Etablissement fût alors
bien pauvre, et que l'on négligeât
singulièrement les études musicales pro-
prement dites. Par contre, les études
instrumentales y étaient d'autant plus
sérieuses que le règlement exigeait que
chaque professeur fît, tous les jours, un
cours de deux heures. Or, le nombre des
élèves étant assez restreint, ils recevaient

donc une éducation d'autant plus soignée. Ainsi, par exemple, Piatti n'avait qu'un seul camarade avec qui partager les deux heures de leçon quotidienne. Quelque peu de considération que Piatti eût pour Merighi comme compositeur, il rendait cependant le plus grand hommage à sa valeur comme professeur de violoncelle.

Plus tard, on a dit que Merighi avait fait preuve de science et de grand talent dans une de ses œuvres : « l'éducation « de cette perfection achevée, nommée « Alfredo Piatti. »

L'anecdote suivante donne à la fois la mesure de l'opinion de Piatti sur Merighi comme compositeur et celle de l'entêtement dans ses convictions que lui donnait son génie inné du violoncelle : Un jour, Merighi prétendit faire exécuter à son élève, dans un concert, une de ses élucubrations. Comme Piatti sentait que cette composition était par trop médiocre, il ne put se décider à la jouer, et, pour éviter la corvée, il se fit une coupure profonde à un doigt. Il est réellement fâcheux qu'il n'existât pas au Conservatoire de Milan le même règlement qu'au nôtre, à Londres, où il est expressément défendu aux professeurs de faire exécuter aucune de leurs œuvres.

Une autre fois, Piatti fut prié de jouer, dans un concert, une de ses propres compositions. Il choisit un air varié sur un thème de Paisiello. Merighi fit quelques difficultés, mais Vaccaï, le directeur, tint bon ; le morceau fut joué et eût même beaucoup de succès. Il débutait par une courte et insignifiante entrée de trompettes. Après le concert, Merighi dit à son élève : « Mais aussi, « pourquoi ne m'aviez-vous pas parlé de « cette entrée de trompettes ? »...

Les élèves avaient un mois de vacances par an. Une année, que Vaccaï était allé à Venise pour faire représenter un de ses opéras, les élèves réussirent à s'introduire dans sa cave et burent tout son vin. Revenu de Venise, où son opéra était d'ailleurs tombé, Vaccaï voulut chercher des consolations dans sa cave et découvrit alors le forfait.

Cette année-là, les élèves furent privés de vacances.

Le condisciple d'Alfredo s'appelait *Storioni*. Son grand-père avait été luthier et élève de *Stradivarius* ; son père avait été professeur de violoncelle au Conservatoire de Milan et avait eu Merighi comme élève. D'après Piatti, ce Storioni avait beaucoup de talent, mais était tout-à-fait excentrique. Entre autres manies, il avait celle d'arracher le moindre poil qui poussait sur son visage. En quittant Milan, il fut engagé à Madrid, et resta quelque temps en Espagne. Quand la Révolution éclata en Italie, il revint et fut fait prisonnier à Rome, par les Français ; il semble avoir été alors déporté en Angleterre. A ce moment, Piatti était à Londres ; un jour, son domestique vînt lui dire qu'un homme le demandait à la porte. Piatti descendit, et trouva un malheureux, assis sur le seuil. « Storioni ! » s'écria-t-il,

et il lui offrit à déjeuner, ce à quoi Storioni répondit avec amertume : « Non ! il
« faut que je m'habitue à vivre désormais
« sans manger ! »

Il conta alors à Piatti ses aventures,
ses insuccès, comment, depuis son arrivée en Angleterre, il n'avait pu trouver
à faire partie d'aucune troupe, pas
même de musiciens ambulants. Dans
l'état misérable où il se trouvait, il
était impossible à Piatti de le recom-
mander pour le faire entrer dans un
orchestre quelconque ; il lui donna seulement quelque argent, en lui recom-
mandant de revenir le voir. Quelque
temps après, il le revit, en effet, mais en
qualité de garçon chez un marchand de
fromages ; il venait lui apporter une
commande faite par Piatti chez son
patron. « Après quoi », ajoutait Piatti,
« je ne le revis plus. »

Entre autres souvenirs d'enfance, Piatti
racontait qu'à l'âge de treize ans, il joua
dans un concert donné par la *Malibran*,
à la fin de septembre 1835. Pendant ce

concert, on annonça au public que *Bellini* venait de s'éteindre aux environs de Paris, le 23 de ce mois. Un an après, jour pour jour, le 23 septembre 1836, mourait la Malibran.

En 1837, lorsque Piatti quitta le Conservatoire de Milan, il n'avait que quinze ans et demi et, à cause de son jeune âge, n'était que dans la classe moyenne; mais il avait la réputation d'un excellent élève sous tous les rapports. A sa sortie, il joua dans un concert public du Conservatoire, le 21 septembre 1837, un concertino de sa composition et on lui donna comme prix l'instrument sur lequel il avait joué. On ne sait pas au juste quelle part il avait prise au concert de la Malibran, en 1835, mais il est probable toutefois que ce ne fut pas en qualité de soliste; aussi, faut-il considérer la date du 21 septembre 1837 comme celle de sa première apparition en public comme soliste.

Son père jugea alors que le moment était venu pour lui de gagner sa vie;

aussi Alfredo revint-il à Bergame,
prendre place à l'orchestre, avec un engagement en règle. Cet emploi avait été
la seule ambition du père pour lui-
même et il n'en avait pas d'autre pour
son fils.

CHAPITRE III.

PREMIÈRES PÉRIPÉTIES PROFESSIONNELLES.

Le budget du théâtre d'une ville comme Bergame étant très limité, il est bien possible que l'obligation où se trouvait par conséquent un jeune homme très éveillé, comme l'était Alfred Piatti, de se contenter de ce qui lui tombait sous la main, lui ait permis d'observer le côté humoristique de la vie d'artiste plus facilement qu'il n'eût pu le faire dans un milieu plus vaste. Quoi qu'il en soit, Piatti possédait un fonds considérable d'anecdotes des plus amusantes, datant de cette époque de sa jeunesse et, dans le cours de sa vie, il amusait et intéressait vivement ses amis en leur racontant ces souvenirs qui perdraient beaucoup à être rapportés ici, car ils tiraient leur principal charme de la façon dont il les narrait. Nous ne citerons que l'anecdote suivante, à cause de l'amusant quiproquo qui en fait le sujet :

Un compositeur et chef d'orchestre bien connu, *Balfe*, débutant dans la carrière musicale comme baryton, se trouvait précisément au théâtre de Bergame au moment où Piatti faisait partie de l'orchestre. Un jour, Balfe devait chanter le rôle d'Olivo, dans l'opéra « Don Pasquale ». Ce rôle était trop bas pour lui, et, de plus, l'orchestre lui-même était à un diapason trop bas, comme il en était alors souvent en Italie. A la répétition, Balfe se plaignit au Directeur que l'orchestre était trop bas — » troppo basso ». — Le Directeur, homme fort ignorant en musique, lui répondit : « Bien, bien, je vais arranger cela, et y « remédier pour la représentation. » Il fit donc venir des menuisiers, et le soir, les musiciens trouvèrent tous leurs sièges surélevés de un pied et demi. Le remède se trouva, en conséquence, pire que le mal, l'orchestre se trouvant ainsi interposé entre le public et le chanteur.

Piatti ne se bornait pas à jouer à l'orchestre. Son père ne cessait de le promener de bourg en ville dans tous les environs de Bergame, pour le faire jouer dans toutes les occasions où il pouvait se produire comme soliste, et Piatti racontait qu'il n'y avait aucun village ni aucune église de la province de Bergame où il n'eût joué à cette époque.

Entre autres localités visitées par lui, était Chiavenna, petite ville située sur les bords du lac de Côme. Le seul local qu'il put trouver pour se faire entendre était une grange et encore cette grange était-elle occupée par un montreur de marionnettes. Antonio Piatti obtint cependant la permission de faire jouer son fils pendant les entr'actes et le concert eut lieu. L'éclairage de la salle était fourni par des lampions à l'huile formés d'une coquille d'escargot dans laquelle trempait une mèche. Aujourd'hui encore, les gamins de la campagne se servent de ce mode d'illumination à certaines fêtes. Les marionnettes étaient manœuvrées par les frères Ferni et ceux-ci avaient avec eux deux jeunes filles qui, par la suite, devinrent des violonistes distinguées.

Quoique ces premiers concerts ne fussent guère lucratifs pour le jeune Piatti, ils lui servirent cependant en lui faisant acquérir de l'expérience et de l'aplomb.

Pendant une de ces tournées, Piatti se trouva un jour à Venise, sans un liard en poche. Il réussit pourtant à traverser les lagunes sans payer le bateau. Quelques années plus tard, ayant été présenté à un haut dignitaire de l'Eglise, celui-ci s'écria : « Mais je vous connais ! Je vous « ai vu quelque part ! » Et, sur un sourire de l'artiste, il continua : « Oui, Oui ! Je « me rappelle fort bien ! Je vous ai vu « monter sur le bateau de Venise et en « descendre sans payer votre place ! »

Peu à peu, ces tournées prirent de l'extension hors de l'Italie. Vienne fut la première ville où le père Piatti conduisit son fils ; le Directeur du Théâtre lui donna à entendre qu'Alfred devrait jouer pendant les entr'actes.

Celui-ci avait fait choix d'un concerto de Romberg ; on lui recommanda de ne pas manquer de saluer le Roi à son entrée en scène. Comme il n'y avait pas de roi à Vienne, il demanda naturellement : « Mais quel Roi ? » — « Celui du Théâtre », — lui fut-il répondu. Piatti s'avance donc sur la scène, et fait une révérence au roi, qui siégeait là, entouré de toute sa cour. Pendant son exécution, le roi applaudissait et criait souvent : Bravo ! — Tout à coup, Piatti comprit qu'il avait été engagé pour jouer pendant un intermède d'un drame quelconque. Dès son concerto fini, il se précipite vers une porte de sortie, mais, pour comble de disgrâce, c'était une fausse porte peinte seulement sur le décor !!!

Etant encore engagé à Bergame, Piatti reçut un jour la visite d'une personne de Turin qui venait lui proposer un engagement pour cette ville, le violoncelle du théâtre venant de mourir. Piatti accepta, croyant qu'il s'agissait de la place de violoncelle-solo ; mais, à son arrivée, il se trouva huitième, le pupitre de violoncelle-solo étant occupé par un certain Casella. Or, un beau soir, Casella arriva au théâtre complètement ivre ; on jouait « Rolla », œuvre d'un jeune compositeur, et dans laquelle il y avait un important rôle de violoncelle. Le Directeur dit à Piatti de jouer ce solo, mais celui-ci répondit que son instrument était par trop mauvais. Le Directeur le força alors à prendre le violoncelle de Casella. Quelques années après, Piatti acheta ce même instrument au fils de Casella qui avait succédé à son père dans l'orchestre de Turin.

Piatti resta à Turin pendant toute la saison théâtrale, mais ses appointements lui suffisaient à peine pour vivre, et il dut donner un concert pour se procurer les moyens de rentrer chez lui. A cette occasion, il emprunta à un de ses cousins un violoncelle qui, bien que n'étant pas de

Stradivarius, en portait pourtant l'étiquette ; plus tard il fit l'acquisition de cet instrument pour une somme de 3oo francs. Quelques années après, il l'emporta à Pavie, où chantait *Mme Despine*. Un jour, le mari de cette dame vint à l'ochestre et demanda à voir l'instrument et, l'ayant examiné, il déclara à Piatti que c'était lui-même qui l'avait fait. Par la suite, Piatti le vendit à un certain signor *Castagna*, de Plaisance.

Un jour, tandis qu'il était encore entre les mains de ce dernier, un fin connaisseur de la ville vint l'examiner, si souvent même que Castagna se persuada que c'était un véritable Stradivarius et recommanda à sa femme, un peu avant sa mort, de ne pas vendre l'instrument sans prendre l'avis de Piatti. Castagna mort, sa veuve écrivit à Piatti pour le prier de venir à Plaisance, en ajoutant qu'on lui avait offert 3.000 francs de l'instrument.

Piatti vint et, ouvrant la boîte, il y trouva un archet de Tourte que, par inadvertance, il y avait laissé lorsqu'il avait vendu le violoncelle à Castagna, et qu'il racheta à la veuve. L'acheteur qui s'était vu refuser son offre de 3.000 francs la porta à 5.000 et la veuve consentit alors à la transaction. Plus tard, il revendit l'instrument, sans doute avec un gros bénéfice. Des années s'étaient écoulées lorsque, un jour, Piatti reçut une lettre d'une dame qui l'informait que son mari, qu'elle venait de perdre, lui avait laissé un violoncelle, acheté autrefois à Plaisance, et qu'elle désirait lui faire examiner ; à sa lettre était jointe une photographie de l'instrument que Piatti reconnut aussitôt pour celui dont M. Despine s'était déclaré l'auteur. La dame demanda à M. Piatti de lui donner un certificat par écrit, mais Piatti n'y voulut pas consentir.

Plus tard encore, il reçut une lettre d'un amateur de Milan, lui disant qu'il venait d'acheter un violoncelle de Stradivarius, venant de Plaisance, et qu'il désirait vivement le soumettre à son examen. Accompagné d'un luthier nommé *Bisiach*,

Piatti se rendit à Milan et retrouva encore le même instrument qu'il avait vendu jadis 300 francs. Plus tard, Bisiach ayant entendu parler d'un Stradivarius dans le Tyrol, s'y rendit : c'était toujours le même. Enfin, longtemps après, Piatti reçut une lettre l'informant qu'à Trieste il existait un violoncelle de Stradivarius venant de lui. Ne pouvant s'y rendre, *M. Hill* (Alfred) y fut à sa place, vit l'instrument et confirma à Piatti que c'était toujours ce même violoncelle.

Voici comment prit fin l'engagement de Piatti à Bergame : un jour, il reçut l'offre inattendue d'un engagement à Milan, mais à la condition d'accepter et de partir immédiatement. N'ayant pas le temps de demander un congé — (car cela nécessitait certaines formalités et devait être également consenti par le Maître de Chapelle), — et convaincu qu'on ne le lui refuserait pas, il accepta et partit pour Milan. A son grand désappointement, il reçut une révocation en règle, signifiée non seulement par les administrateurs, mais encore par son ami le maître de chapelle Mayr. Dans la suite, celui-ci lui expliqua que cette révocation était ce qui pouvait lui arriver de plus heureux, car, sans elle, il serait resté s'encroûter à Bergame, sans arriver jamais à la renommée.

Quant il eut terminé à Milan, Piatti parcourut l'Italie et l'étranger, en donnant des concerts. Le plus loin qu'il alla, ce fut à Pesth ; il y tomba malade et sa misère fut si grande qu'il fut obligé de vendre son violoncelle. A cette nouvelle, un de ses amis de Bergame vint le chercher pour le ramener chez lui.

Pendant leur voyage de retour, comme ils passaient par Munich, Piatti entendit un jour, dans l'escalier d'un hôtel, les sons d'un piano et s'écria aussitôt : « Si » ce n'est pas *Liszt* que j'entends, je ne » sais qui ce peut être ! » A la porte de la chambre où l'on jouait se trouvait un Italien, qui parut aussi surpris que charmé de cette exclamation de Piatti ; cet Italien était le signor *Belloni*, secrétaire de Liszt, qui fit aussitôt entrer Piatti et raconta à Liszt comment celui-ci avait reconnu son jeu. Piatti fit à Liszt le récit de ses aventures. Celui-ci lui dit : « Je « joue ce soir au Théâtre, pour les « pauvres de la ville ; jouez aussi ! Ce « sera une fameuse occasion de vous « faire connaître ! » — « J'en serais bien « heureux », répondit Piatti, « mais, « hélas ! je n'ai pas de violoncelle ! » — « N'importe ! » continua Liszt, « je con- « nais *Menter* et je vais lui demander de « vous en prêter un. » Ce Menter était le premier violoncelliste de Munich et père de la célèbre pianiste, Mlle *Sophie Menter*.

Piatti joua donc, et même avec un grand succès, car il fut rappelé trois fois, si bien que Liszt finit par bondir sur la scène pour l'embrasser.

Après le concert, Liszt lui dit : « Il faut » que vous veniez à Paris ; j'y vais moi- » même. Vous y donnerez un concert et » j'y jouerai. » Ainsi encouragé, Piatti arriva à Paris en 1844 ; c'est alors qu'il y composa son « Chant religieux », mais ses ressources étaient bien faibles, et ne montaient pas à cent francs ; de plus, il était, pour ainsi dire, sans amis. Il donna son concert, où il joua sur un violoncelle prêté par un amateur. Liszt n'y joua point, mais il s'en excusa en lui disant ? « Si je jouais pour vous, il y a « ici une quantité d'artistes pour lesquels « je serais obligé d'en faire autant. » Mais comme il était très bon pour les jeunes artistes débutants, il lui fit présent d'un violoncelle d'Amati, pour le dédommager de n'avoir pas joué à son concert.

Ce violoncelle eut quelques aventures assez étranges. Une fois, entre autres, Piatti voyageait avec lui en Russie, dans un traîneau ; le traîneau était mal équilibré et l'attelage trop serré ; aussi versat-il plusieurs fois, heureusement sans accident. Ce violoncelle était de très grand patron, et Piatti s'en défit ; il appartient aujourd'hui au chanoine Pemberton.

Piatti racontait sur Liszt une anecdote bien caractéristique : Dans un concert donné aux Hannover - Square - Rooms (plus tard transformées en Cercle et abattues en 1901), *Liszt* et *Ole Bull* jouaient la Sonate de Beethoven dédiée à Kreutzer, et le pianiste était un peu jaloux du succès du violoniste ; une des variations fut tellement applaudie qu'il fallut la recommencer. Ole Bull la joua alors en octaves, et les applaudissement redoublèrent. Alors Liszt, très piqué, lui dit ? « Recommençons ! « Vous la jouerez cette fois en tierces ! » (¹) ce qui est inexécutable pour le violon et relativement facile pour le piano. Ole Bule se servait d'un archet d'une longueur démesurée ; un jour qu'il recommandait vivement à *Wieniawsky* de l'imiter, Wieniawsky lui riposta : « A « quoi bon ? Tu n'en emploies jamais que « la moitié ! »

(¹) Singulière façon d'interpréter les maîtres et qui peint bien le goût des grands virtuoses de cette époque !   Dʳ S. B.

Lors de son séjour à Paris, Piatti joua chez une Anglaise — *Miss Stuard* — qui collaborait à la « Revue des Deux-« Mondes. A cette occasion, il composa sa Fantaisie sur la « Somnambula ».

Il fit aussi la connaissance de *Habeneck*, le chef d'orchestre de l'Opéra, qui lui raconta le premier début de *Paganini* à Paris.

A la répétition, Paganini avait joué avec la plus grande négligence ; aussi les musiciens de l'Opéra le considéraient-ils comme un vulgaire charlatan. C'était son Concerto la « Campanella » (la Clochette) qu'il jouait ; le soir, Paganini n'apparut sur la scène qu'a la fin du premier tutti ; « son exécution fut si admi-« rable, si foudroyante », disait Habeneck, « que je sautai sur la scène et l'em-« brassai en pleurant comme un enfant! »

Ce fut encore à Paris, mais à un autre voyage, que Piatti joua dans un concert donné par *Wieniawsky (Joseph)*, pianiste, frère du célèbre violoniste, avec le concours de *Sivori*. Wieniawsky

avait commandé un bouquet destiné à
Mme *Miolan-Carvalho*, qui devait chanter. Mais, au dernier moment, elle écrivit un mot d'excuses, une indisposition
l'empêchant de venir. Après le concert,
le secrétaire de Sivori s'empara du bouquet et l'offrit à celui-ci « de la part de la
« plus jolie femme de la salle ». Au
même moment, apparaissait Wieniawsky
réclamant son bouquet !

Pendant l'année 1844, Piatti voyagea
aussi en Allemagne, avec le violoncelle
d'Amati que lui avait donné Liszt. Entre
autre villes, il s'arrêta à Ems, où il composa son « Souvenir d'Ems ». Ce fut là
qu'il tomba amoureux d'une jeune personne. Un jour qu'on faisait une prome-
nade en canot sur la rivière en un endroit où le courant est très rapide, une
fausse manœuvre du batelier mit un
instant l'esquif en danger. Le péril passé,
les passagers s'interrogèrent mutuelle-
ment, pour savoir à quoi chacun avait
pensé davantage en ce moment critique ;
quand ce fut au tour de Piatti de parler,

il déclara sans hésiter : « A mon violoncelle !!! » Fut-ce cette réponse peu ga-
lante, ou tout autre motif? Toujours
est-il que les choses n'allèrent pas plus
loin, et que Piatti n'eut plus aucun succès auprès de l'objet de sa flamme. Tout
bien considéré, cela n'en valut que mieux,
car, à ce moment, il n'était guère en po-
sition de se marier.

CHAPITRE IV.

PREMIÈRE VISITE DE PIATTI A LONDRES

L'année 1844 est celle qui marque la première visite de Piatti a Londres. A son arrivée, il fut happé par un violoniste italien qui lui dit : « Je vous ai « trouvé quelques leçons. » Piatti, qui était à court d'argent, lui fut fort reconnaissant, et, dès le lendemain, s'empressa de le suivre dans une maison particulière ; dans le salon, ils trouvèrent un vieux monsieur, installé dans un fauteuil, et un violoncelle dans un coin. Piatti fut prié de jouer, et le vieux monsieur s'en fut dans un angle de la pièce pour écouter ; pendant que Piatti jouait, il changea plusieurs fois de place, écoutant toujours très attentivement. L'introducteur de Piatti dit alors : « En voilà assez, nous « pouvons nous retirer. » — Ce ne fut que quelque temps après que Piatti se rendit compte que le vieux monsieur voulait acheter le violoncelle, et que son « ami » le violoniste ne l'avait amené dans cette maison que pour le lui faire entendre, sachant bien que nul ne saurait le faire valoir mieux que Piatti.

Piatti fut engagé très vite à l'Opéra et la première maison particulière où il joua fut celle du Dr Billing, médecin de ce théâtre. Dans la même soirée, *Grisi* et *Rubini* chantèrent un duo, pendant lequel les invités ne cessèrent de causer ; mais les artistes ne s'arrêtèrent pas pour cela.

Piatti se disait : « Si l'on se gêne si « peu pour de tels chanteurs, que va-t-on « faire quand ce sera mon tour ? » Il joua une Sonate de Mendelssohn, pendant laquelle on causa tout autant ; mais, comme Grisi et Rubini ne s'étaient pas arrêtés, il pensa devoir en faire autant. Mais alors, on vint à servir des glaces et des rafraîchissements et le cliquetis des verres vint renforcer le caquetage général ; c'en était trop ! Piatti se leva au beau milieu du premier morceau et mit son violoncelle dans l'étui. Dans le cours de la soirée, le Dr Billing vint le remercier et le complimenter, tout en lui disant : « Quel malheur que votre mor-« ceau ait été si court ! »

Le premier début de Piatti comme soliste, en Angleterre, eut lieu le 31 mai 1844, à la matinée annuelle donnée par Miss *Anderson*, au Théâtre de « Her Majesty ». Miss Anderson était Pianiste de la Reine et de la Reine douairière ; elle fut la première pianiste femme qui joua dans un concert de la Société Philharmonique, où, en 1835, elle exécuta le Concerto de Beethoven dédié à l'Empereur. Dans les diverses annonces de son concert de 1844, on peut voir que le nom de Piatti ne figure qu'une seule fois, et encore sur l'affiche du jour seulement, ce qui fait supposer qu'il ne fut engagé qu'au dernier moment. Le compte rendu donné du concert par le « Morning-Post », commence par passer en revue l'illustre assistance et les toilettes ; il arrive ensuite à parler de Piatti et de son exécution ; voici ce qu'il en dit :

« Signor Piatti, violoncelliste de Milan, « a fait son premier début avec un grand « succès. Il a joué une fantaisie sur « Lucie » qui ressemble à toutes les « compositions de ce genre. Son style « rappelle celui de *Servais* ; sa qualité « de son, égale et très limpide, a frappé « tous les auditeurs par sa beauté extraor- « dinaire. Il n'y a rien à dire sur son « mécanisme ; il fait tout ce qu'on a fait « jusqu'à présent, mais nous devons « dire qu'il est absolument impeccable « et parfait. »

Ce fut à ce concert que Piatti se rencontra pour la première fois avec Joseph Joachim, alors âgé de treize ans, que la critique dépeignait alors comme « le « dernier par le rang et le plus petit par « la taille des exécutants », quoique certainement il ne fût déjà pas le moindre par la qualité.

La seconde fois que Piatti se fit entendre, ce fut à la première des trois matinées données à « Hannover-Square-Rooms », par le pianiste *Döhler*, qui n'avait pas joué en Angleterre depuis quatre ans. Plus tard, Piatti fit avec lui de nombreuses tournées, tant en Angleterre qu'à l'étranger. Le critique du « Musical World » écrivait dans son compte rendu de ce concert :

« M. Piatti a joué une fantaisie où il « a montré une si grande maîtrise que « nous ne nous rappelons pas en avoir « constaté de supérieure. »

Il faut encore citer l'intéressant compte rendu de l' « Athenœum », qui s'exprime en ces termes, à propos du même concert : « Signor Piatti chante sur son « violoncelle à la manière des chanteurs « de son pays. » Cinquante ans plus tard, les critiques engagèrent plus d'une fois les chanteurs à imiter la manière et le style de Piatti.

Alfred Piatti parut pour la troisième fois en public dans un concert donné le

21 juin de la même année par le chanteur Brizzi, et nous en parlerons, parce que l'on a prétendu bien souvent qu'il n'avait encore jamais joué comme soliste en public, avant un concert donné par la Société Philharmonique. — Paraître dans un concert de cette Société était alors chose bien plus importante qu'aujourd'hui, et Piatti n'y débuta que le 24 juin 1844. Le même jour, MENDELSSOHN (le célèbre compositeur), exécuta son concerto en *sol*, qui était son cheval de bataille, et qu'il jouait de la façon la plus brillante. C'était donc une circonstance des plus émouvantes, pour un jeune homme de vingt-deux ans, que d'entrer en scène, devant un public aussi choisi, après le succès enthousiaste du plus grand et du plus aimé des pianistes du jour. Lorsque Piatti avait consenti à jouer, il ne s'attendait pas à le faire dans le même concert que Mendelssohn, autrement, il n'eût jamais osé. D'après le « Musical World », il choisit une fantaisie de Kummer ; son succès fut des

plus brillants, et il fut bissé dans le final.

De même qu'à tous les artistes étrangers, le public anglais parut froid à Piatti ; plus tard, il s'aperçut que cette froideur n'était qu'apparente. Pourtant, en cette occasion, il ne dut pas le trouver si froid que cela, car il disait plus tard que ce fut la seule fois où il entendit un public anglais crier « bravo » pendant l'exécution d'un passage. Le critique du « Morning Post » disait le lendemain : « La « façon admirable dont Piatti a joué a « conquis l'auditoire. Sa qualité de son, » sa virtuosité sans limites, sont absolu- « ment irréprochables. »

Le compte rendu de ce concert dans le « Times » s'exprime ainsi : « Piatti « est un violoncelliste magistral ; la qua- « lité de son, qui, le plus souvent, fait « défaut aux violoncellistes étrangers, « égale chez lui celle de *Lindley* dans « ses plus beaux jours ; sa virtuosité est « variée, impeccable, sa vélocité extrême ; « jamais il ne laisse échapper une note

« douteuse. A ce propos, il est bon de
« rappeler à nos plus jeunes lecteurs que
« ce fut Lindley qui charma la généra-
« tion passée par ses accompagnements
« de basse chiffrée dans les récitatifs des
« Oratorios de Haendel, accompagne-
« ments que l'on exécute aujourd'hui
« sur le piano ; quoique le violoncelle ou
« la contrebasse soient bien plus indi-
« qués pour des compositions du
« XVIIIe siècle que notre moderne Pia-
« noforte ».

Après le concert, *Moscheles* informa
Piatti que Mendelssohn désirait jouer
une Sonate avec lui. Piatti se rendit donc
à la demeure de Moscheles, chez qui
Mendelssohn était descendu, se prépa-
rant à jouer la Sonate en *si b majeur* ;
mais Mendelssohn l'arrêta, en mettant
sur son pupitre la Sonate (grand duo), en
ré majeur, encore manuscrite. Piatti
possédait une lettre que Mendelssohn lui
avait écrite à cette occasion, dans laquelle
il lui exprimait le plaisir et l'admiration que son exécution lui avait causés.

Plus tard, Mendelssohn mit en chantier un Concerto spécialement pour Piatti : il n'en termina que la première partie. Malheureusement, ce manuscrit n'a pas été retrouvé !

Cette même « Saison » fut bien marquante pour la Société Philharmonique, car elle vit aussi les débuts de *H. Ernst* et de *Sainton*, et le 27 mai, ceux de Joseph Joachim.

Cinquante ans plus tard, les « amis » de Joachim et de Piatti fêtèrent leur « Jubilé » aux « Grafton Galleries », et, répondant à leurs félicitations, Piatti s'exprima en ces termes : « Dans ma jeu-« nesse, j'avais tant entendu vanter « l'hospitalité anglaise que j'éprouvai le « grand désir de faire de l'Angleterre ma « seconde patrie. Avant d'y réussir, « j'eus bien des *hauts* et des *bas*, des « *bas* surtout ! »

Puis il continua en rapportant d'une façon amusante, son premier concert à Londres : « Je pensais », dit-il, « avoir « joué plutôt bien, et j'étais content de

« l'impression que je croyais avoir faite
« sur le public, quand apparut sur la
« scène un bon gros garçon aux joues
« rouges et rebondies, vêtu d'une courte
« jaquette, et qui se mit à jouer du
« violon d'une telle manière qu'il me
« relégua bien vite dans l'ombre. »

« J'ai été bien heureux », ajouta Piatti,
« de me trouver souvent, par la suite, en
« compagnie de ce jeune garçon. Son
« nom ? c'est celui de mon bon et cher
« ami, le grand artiste Joachim ! »

Après son concert à la Société Philharmonique, Piatti joua, la même
année, à la seconde et à la troisième
matinées de Döhler, les 1er et 12 juillet.
Le 1er juillet, il exécuta, avec Döhler et
Sivori, le trio en *ut mineur* de Beethoven, et ce fut son début dans la musique
de chambre. A cette même séance, il
joua son « Chant Religieux », composé à
Paris, dans un moment plein de désillu-
sions. Le 12 du même mois, il joua sa
fantaisie sur des motifs de « Beatrice di
« Tenda » de Bellini, et, bien que le

compte-rendu du « Times » se borne à dire : « M. Piatti, un violoncelliste nou-« veau pour le public anglais, a très « bien joué une fantaisie de sa compo-« sition », les organisateurs du concert sentirent bien que son nom devenait une « attraction » pour le public, car, alors, qu'il ne figurait qu'en petits caractères sur les affiches des deux premiers concerts, il fut, pour la troisième, imprimé « en vedette » et en gros caractères. Cependant, au sujet de ce même concert du 12 juillet, le critique du « Morning Post » avait dit, dans son compte-rendu : « Signor Piatti a eu un succès triom-« phal dans une fantaisie sur « Beatrice « di Tenda ». Les difficultés écrasantes « de ce morceau n'ont été pour lui « qu'un jeu. Il est étourdissant d'adresse « et de netteté ; sa sonorité et son style « sont admirables ; il a des ressources « variées, inépuisables ; c'est le plus « grand violoncelliste que nous ayons « jamais entendu. »

Ainsi donc, Piatti avait bien réussi

pour sa première Saison. En six semaines,
il avait joué huit fois, et il faut se rappeler qu'en 1844, les concerts étaient loin
d'être aussi fréquents qu'aujourd'hui.
De plus, il avait à lutter contre plusieurs
concurrents qui jouaient à Londres :
Lindley, l'artiste favori du public ;
Haussmann, parent de celui qui existe
encore, et *Offenbach*, le célèbre compositeur de plus tard, que le « Times » de
cette époque citait comme violoncelliste
de grand mérite.

Piatti parla toujours avec plaisir de sa
première tournée en Angleterre, pendant l'automne de 1844. Il avait
d'agréables compagnons, et fut séduit
par l'aspect propre et coquet des villles
de bains de mer, qu'il voyait pour la
première fois. Sivori, Döhler, *Lablache*
et son fils, furent ses compagnons dans
cette tournée, dont fut aussi, pendant la
première partie, le baryton bien connu,
Belletti.

Ce dernier était un excellent chanteur, qui débuta avec un grand succès

dans « Ernani », il fut aussi très bon dans le rôle de « Figaro ». Mais il ne possédait pas la moindre culture littéraire.

Un jour, à « Stratford-sur-Avon », tous allèrent de compagnie, visiter la maison de Shakespeare. Une femme la leur montra, et comme Belletti demandait qui était cette femme, Frédéric Lablache (le fils), lui dit : « Comment ? « vous ignorez que c'est la nourrice de « Shakespeare ? » Dès lors, Belletti lui témoigna, nous racontait Piatti, la plus respectueuse déférence.

Quelqu'un avait assuré à ce même Belletti que la couleur verte était très dangereuse, étant à base d'arsenic. Un jour, Piatti alla lui rendre visite, dans un appartement qu'il occupait à Londres, et il lui fit compliment sur sa demeure ; mais aussitôt, Belletti de lui répondre : « Oh ! je la quitte ! les sièges sont verts ! »

A propos de la gardienne de la maison de Shakespeare, Piatti racontait qu'un jour, à une station des environs de Paris, ayant aperçu le célèbre tragédien *Salvini*, il lui échappa, quoique ne le connaissant pas personnellement, de prononcer son nom tout haut. Salvini se retourna à l'instant, et Piatti de s'excuser ; c'est ainsi qu'ils firent connaissance et, par la suite, voyagèrent ensemble en Italie. C'était, d'après Piatti, un charmant compagnon. Un jour, Salvini lui conta que la surprise la plus grande et la plus sensible qu'il n'eût jamais éprouvée lui venait d'une vieille femme, précisément la gardienne de la maison de Shakespeare. Etant allé visiter cette maison en compagnie d'un ami, celui-ci dit à la vieille, en entrant : « Je vous amène « comme visiteur le plus grand inter- « prète de Shakespeare ! »

— « C'est donc il signor Salvini ! » s'écria-t-elle.

Lablache avait conté aussi nombre d'anecdotes amusantes à Piatti.

L'illustre basse était un homme très grand et de très forte corpulence. Un jour, un Anglais, de passage à Paris, eut la fantaisie de rendre visite au célèbre nain « Tom Pouce ». Un farceur lui donne l'adresse de Lablache au lieu de celle du petit phénomène. L'Anglais s'y rend, et, après avoir fait passer sa carte, est introduit et trouve..... l'immense Lablache, dans une tenue des plus négligées. Il s'excuse aussitôt de l'erreur, mais Lablache, continuant la plaisanterie, lui répond : « Mais non, mais non ! C'est « bien moi Tom Pouce ; seulement, chez « moi, je me mets à mon aise ! »

Le souffleur du Théâtre de « Covent-« Garden » était un certain *Monterasi*, de Bergame, aussi grand et aussi fort que Lablache lui-même. Dans la scène du souper de « Don Juan », Lablache, qui remplissait le rôle de « Leporello », devait courir par toute la scène, tremblant de peur et tenant à la main une chandelle. Or, il ne manquait jamais d'asperger le plus possible de gouttes de suif le malheureux souffleur qui, emprisonné dans sa boîte, ne pouvait parvenir à les éviter.

La tournée continua d'Angleterre en

Irlande. En arrivant à Queenstown, après une rude traversée, qui avait duré vingt-quatre heures au lieu de douze, la mer était encore si grosse que le bateau ne put aborder à quai ; il fallut leur envoyer un canot. Sivori se débattait et ne voulait pas lâcher son violon, mais le petit bonhomme fut empoigné avec son instrument et embarqué dans le canot malgré ses protestations indignées.

A Dublin, ils trouvèrent un programme de concert annoncé, sans qu'ils eussent été consultés. Ce programme comprenait, entre autres choses : « Duo de Corelli », par Sivori et Piatti ; or, ils ne possédaient aucune musique de ce genre. « N'importe », s'écria Sivori, j'ai une fantaisie sur le motif : « Mira la bianca luna », de Rossini ! Ils jouèrent donc ce morceau si connu, ce qui n'empêcha pas un journal de vanter le lendemain « cette admirable « musique du vieux Corelli ! ! ! »

Piatti contait encore une anecdote sur *Vivier*, le célèbre corniste qui avait trouvé moyen de faire entendre sur son instru-

ment un accord de quatre notes simulta-
nées. Un jour que Vivier devait partir de
très grand matin, il va frapper à la porte
de la première chambre venue. On lui
crie : « Qui est là ? » — « C'est le bar-
« bier ! », répond-il. — « Eh ! je n'ai pas
« besoin de barbier ! » — Vivier s'en va,
mais pour revenir un peu plus tard. Il
frappe une seconde fois. « Qu'est-ce
« encore ? » répond-on. — « C'est le bar-
« bier ! » — « Mais, je n'en ai que faire !
« Allez au diable, et f...-moi la paix ! »

Vivier quitte immédiatement l'hôtel,
non sans avoir prévenu le barbier, le
vrai, cette fois, d'avoir à se rendre immédiatement à la chambre en question. Le
malheureux y court, pour y être reçu
comme bien on pense, et flanqué énergi-
quement à la porte.

Un soir, à Dublin, on jouait « Il Bar-
« biero », sous la direction de Balfe. On
sait que le trio : « Zitti, zitti, piano,
« piano ! » (¹), est accompagné par un

(¹) « Chut ! chut ! doucement ! doucement ! »

orage indiqué par un roulement de tambour et par le reste de l'orchestre, en sourdine. A la première reprise, Balfe indique l'entrée au tambour, mais celui-ci reste muet. A la seconde reprise, même indication, même silence, l'artiste dormant profondément. Ses voisins le poussent, il se réveille, se frotte les yeux et, d'un formidable roulement, couvre totalement le fameux : « Zitti, zitti ! » Piatti certainement ne dut pas manquer d'une cordiale sympathie pour ce pauvre artiste, en se souvenant de ses propres sommes à l'orchestre de Bergame.

Dublin fut encore le théâtre d'une autre aventure de violoncelle. En quittant la ville, Piatti et trois autres de ses compagnons remplissaient l'intérieur de la voiture, et son violoncelle, son célèbre « Ruggieri », dut être hissé sur l'impériale. En arrivant à la gare, plus de violoncelle ! La boîte était tombée en route. Retournant en arrière, en toute hâte, ils trouvèrent une bande de gamins traînant la boîte par terre, à grand renfort de coups de pied ! Piatti en retire son violoncelle et, par bonheur, le trouve absolument intact. N'est-il pas extraordinaire de voir un instrument si délicat, que le moindre choc peut le déranger, supporter sans dommage de semblables secousses?

Ce fut pendant cette première visite à *Dublin*, en 1844, que Piatti vit pour la première fois le célèbre Stradivarius qui devint plus tard son instrument favori, qui ne le quitta qu'à sa mort et qui appartient aujourd'hui à Herr von Mendelssohn (¹). Cet instrument appartenait alors à un violoncelliste de Dublin, nommé *James Pigott;* il venait d'Espagne, d'où il avait été apporté par un marchand de vins, qui le lui avait vendu très bon marché. Au premier coup d'œil, Piatti fut complètement séduit ; mais son propriétaire ne voulait pas le vendre, et, d'ailleurs, Piatti n'avait aucun moyen de l'acheter ; il n'en resta pas moins toujours présent à son souvenir.

(¹) Banquier à Berlin.

Quelques années plus tard, Pigott mourut, et le violoncelle fut envoyé à Londres à une personne qui écrivit aussitôt à Piatti pour avoir son appréciation. Nouveau chagrin pour l'artiste, désespéré de ne pas se trouver en fonds pour l'acheter ! Il alla trouver *Maucotel* qu'il engagea fortement à ne pas le laisser échapper ; celui-ci en fit alors l'acquisition pour 7.500 francs.

Quelque temps après, le général *Oliver*, un des meilleurs amis de Piatti, pria l'artiste de venir voir un violoncelle qn'on voulait lui vendre.

Piatti revit alors l'instrument de ses rêves ; il engagea fortement le général à l'acheter, et celui-ci en devint possesseur pour la somme de 8.750 francs. Un jour, *Vuillaume,* de Paris, vint le voir et en offrit 25.000 francs, mais le général Oliver refusa sa proposition. Piatti eut donc le plaisir de monter et d'entretenir le Stradivarius, et de le jouer de temps en temps à son propriétaire.

Un jour qu'il le jouait alternativement

avec d'autres violoncelles appartenant au général, celui-ci lui demanda : « Lequel « de tous préférez-vous ? » — « Oh ! le « Stradivarius, sans hésiter ! » lui répondit Piatti. — « Eh bien ! lui dit le général « en bondissant de son siège, emportez-le « et soyez heureux en le jouant ». Piatti, comme paralysé, s'excusa de ne pouvoir accepter, ne voulant pas en priver son ami, lui disant qu'il viendrait le jouer tant qu'il voudrait. Mais le général tint bon et, le lendemain, Piatti recevait l'instrument, accompagné d'une lettre des plus affectueuses.

Le peintre *Holl* a rarement fait un plus beau portrait que celui de Piatti, où il est représenté avec son violoncelle ; mais Piatti disait souvent en parlant de ce tableau : « Il n'a pas assez soigné mon « violoncelle ! »

Après avoir joué à Dublin, la troupe eut un concert à donner à Belfast, et, de cette ville, prit le chemin de Glasgow, où elle devait se faire entendre la nuit suivante. Le voyage se fit à bord du bateau de Belfast, mais la traversée fut si mauvaise qu'elle n'arriva à Glasgow qu'une heure après celle à laquelle était fixé le concert. Les artistes se trouvaient donc dans de bien mauvaises conditions pour jouer, surtout après une si pénible traversée, que leur impresario n'avait d'ailleurs pas fait figurer dans leur engagement. Néanmoins, ils se hâtent, mais, en arrivant à la salle de concert, ils trouvent les portes fermées pour empêcher le public de redemander son argent. Aussi les assistants avaient-ils brisé les barrières et faisaient un vacarme épouvantable ; en vain le régisseur essayait de faire une annonce, on ne le laissait pas parler.

On se hasarda à commencer par un trio ; le public ne cessa de siffler jusqu'au moment où le violoncelle eut un chant. Comme le racontait Piatti lui-même, ce chant mit du calme dans l'assistance et les sifflets firent place aux applaudissements.

Par contre, une autre fois, *Pauer, Sainton* et Piatti jouèrent un trio avec assez peu de succès à Saint-Andrews. Le premier morceau fut peu applaudi, le second et le troisième accueillis plus froidement encore ; mais, quand ils voulurent commencer le quatrième, le public cria : « Oh ! jouez-nous donc quelque chose « de gai ! »

A Cambridge, pareille chose arriva à Joachim, dans un concert donné à l'occasion d'un grade conféré au feu Prince consort (¹) ; celui-ci l'interrompit au beau milieu du concerto de Mendelssohn, en s'écriant : « Oh ! assez ! »

Le résultat pécunier de cette première tournée en Angleterre laissa Piatti sans un sou ; heureusement, *Madame Castellani*, qui s'était fait entendre avec lui aux matinées de Döhler, lui donna dix £ (250 fr.), qui lui permirent bien juste de rentrer à Milan.

Après avoir traversé le détroit, il arriva à Boulogne, où on lui prit son passe-port en lui disant qu'il le retrouverait à Paris.

____

(¹) Le prince Albert.

Piatti, voulant diminuer ses frais de séjour dans cette ville, s'en fut, aussitôt arrivé, retenir une place dans la diligence de Turin qui partait le soir même. Il alla aussitôt réclamer son passe-port, mais que l'on juge de sa surprise quand on lui répondit qu'il ne pourrait l'avoir que le lendemain ! Cela le forçait à passer vingt-quatre heures de plus à Paris.

Ce long trajet en diligence se passa sans incident jusqu'auprès de Chambéry où Piatti, voulant se dégourdir les jambes, descendit pour prendre un chemin de traverse ; il s'égara et la voiture fila sans lui. Entendant venir une autre voiture, il l'attendit, et demanda la faveur d'y monter ; mais, comme il n'y avait pas de place, il dut se jucher sur les brancards.

Pendant la route, il reconnut, à son accent, qu'un des voyageurs était Milanais. En arrivant à Chambéry, ils trouvèrent la diligence déjà partie ; force leur fut donc d'attendre jusqu'au lendemain. Le Milanais proposa à Piatti d'aller

dîner à la table d'hôte. « Non », répondit
celui-ci, « je vais dîner dans la campagne
« où je me contenterai de pain et de fro-
« mage ». — « Je vous accompagnerai si
« vous le permettez », dit l'autre. — Ils
s'en furent donc, de compagnie, dans un
village voisin, où ils trouvèrent à manger. Au moment où Piatti ouvrait la
bouche pour faire part à son compagnon
de ses embarras pécuniers, celui-ci lui
dit tout à coup : « Je me trouve en ce
« moment tout à fait à court, pouvez-vous
« me prêter quelque argent ? » Piatti lui
avoua sa détresse. En réunissant leurs
faibles ressources, elles se trouvèrent
suffisantes pour permettre à un seul
d'entre eux d'atteindre Milan. Ils réso-
lurent donc de tirer au sort : le perdant
devait rester et attendre les secours que
l'autre lui enverrait de Milan. Ce fut le
Milanais qui gagna ; Piatti resta donc à
Chambéry. Heureusement, le secours
promis arriva, et il put achever son
voyage.

CHAPITRE V.

TOURNÉE EN RUSSIE.

La seconde tournée de Piatti eut lieu en Russie, où il passa un an (1844-45) ; ce fut son seul voyage dans ce pays. Deux de ses compositions datent de cette époque : la première, sa « Mazurka sen- « timentale » (op. 6), que l'auteur lui-même jugeait n'avoir rien de remarquable que sept bémols à la clef ; — la seconde l' « Air Baskyr » (op. 8), dont le motif était un thème que jouait souvent sur une cornemuse, sous les fenêtres de Piatti à Saint-Pétersbourg, un nommé Baskyr, originaire des frontières de l'Asie ; ce Baskyr commençait par gonfler le sac de sa cornemuse, ce qui produisait une gamme chromatique descendante.

Piatti se fit entendre en Russie avec Döhler, le pianiste avec lequel, on s'en souvient, il avait joué l'année précédente, à Londres. Pendant son séjour, Döhler se fiança à une dame de grande famille, la comtesse Scheremetieff ; en raison de sa haute noblesse, l'Empereur refusa son consentement au mariage, mais Döhler, qui était natif de Lucques, revint dans son pays, obtint du duc régnant le titre de baron, et le mariage eut lieu.

Un jour, Piatti alla à une séance de magnétisme, et des amis lui persuadèrent de se laisser magnétiser. Il prit donc place sur la scène, et, pendant plus d'un quart d'heure, le spirite s'escrima en vain sur lui. Mais Piatti, qui ne voulait pas être cause d'un insuccès pour ce malheureux, fit semblant de dormir. Aussitôt il l'entendit s'écrier : « Tout va « bien ! il est prêt maintenant ! » De jeunes dames vinrent alors le questionner sur des mariages projetés et furent enchantées de ses réponses. Voulant pousser plus loin la perspicacité de son sujet, le magnétiseur demanda à Piatti de dire l'heure. Celui-ci, entr'ouvant imperceptiblement les yeux, aperçut une horloge dans la salle et indiqua très exactement l'heure, ce qui émerveilla toute l'assistance. Par un subterfuge analogue, il put donner très exactement le signalement d'une personne qui venait d'entrer dans la salle. Le magnétiseur annonça alors que son sujet était complètement hypnotisé et que, désormais, il serait entièrement esclave de sa volonté. Trois ou quatre ans plus tard, il vint voir Piatti à Paris, et chercha à lui emprunter mille francs ; mais hélas ! son pouvoir hypnotique n'alla point jusqu'à obtenir ce prêt.

Panofka, un compositeur russe, fit faire à Piatti la connaissance de *Bordogni*, Bergamasque comme lui. C'était, d'après Piatti, un compositeur de talent, mais des plus borné pour le reste. C'est ainsi qu'un jour, il avait entendu le grand-duc Michel, dans une soirée, dire à une dame :

« — Madame, cette tasse vous res-
« semble tout à fait. »

« — Pourquoi, Monseigneur? »

« — Parce qu'elle est remplie de bon
« thé ! » (bonté).

Ce calembour ayant eu grand succès,
Bordogni ne manqua pas de le rééditer
à la première occasion, et comme une
dame lui offrait une tasse de café :

« — Madame », commence-t-il, « cette
« tasse est tout votre portrait ! »

« — Comment cela, Monsieur ? »

« — Parce qu'elle est pleine... de bon
« café !... »

Un autre jour quelqu'un disait à Bordogni :

« — Sais-tu pourquoi tu dois respec-
« ter la chicorée ? »

????

« — Parbleu ! parce qu'elle est
« amère ! » (ta mère).

A la première occasion, Bordogni ne
manqua pas de dire à une dame :

« — Madame, pourquoi devez-vous
« respecter la chicorée ? »

????

« — Mais, parce qu'elle est *votre* mère! »

4

Ce fut en Russie que Piatti écrivit la « Fantaisie Russe », mais il ne la joua en public qu'en 1860, dans un concert de la « Musical Union ».

Piatti fut retenu à Saint-Pétersbourg plus longtemps qu'il ne s'y attendait. Il n'y avait qu'un seul bateau par mois ; or, Döhler et son frère ayant retenu les deux dernières places vacantes, Piatti fut donc forcé d'attendre le mois suivant.

Piatti passa près de deux ans en tournées avec Döhler. Un jour, ils devaient jouer à Berlin, à la cour de l'Empereur Guillaume 1er : au moment de commencer, Döhler dit à Piatti : « Je ne peux « pas t'accompagner, car le pianiste-« accompagnateur de la Cour est là. » Piatti se sentit fort mal à l'aise, à l'idée de jouer ainsi, sans répétition ; il vit alors arriver un petit homme qui se mit au piano : l'exécution fut absolument parfaite, et lorsque Piatti demanda qui donc était cet accompagnateur, on lui répondit : « *Meyerbeer !!!* »

CHAPITRE VI.

PIATTI SE FIXE EN ANGLETERRE.

Le second voyage de Piatti en Angleterre eut lieu en 1846 ; il fut immédiatement engagé pour huit ou neuf concerts pendant la saison, y compris le concert annuel de Miss Anderson.

Le plus important de tous fut celui que l'on donna à Willy-Rooms, au bénéfice du chef d'orchestre de la « Musical « Union » ; il y joua pour la première fois en public dans un quatuor à cordes.

Déjà, à cette époque, les concerts de la « Musical Union » avaient cessé d'être des réunions privées, données chez le chef d'orchestre : on les donnait donc dans une grande salle, mais cependant il n'y assistait que les membres de la Société. Pour le concert au bénéfice du chef d'orchestre, on fit pourtant une exception : il fut annoncé publiquement et il y eut des places payantes. C'était donc un concert public, dans toute l'acception du mot. Piatti y joua un quatuor de Mozart et un fragment d'un quatuor de Spohr.

Piatti eut aussi un nouvel engagemeut à l'orchestre de l'Opéra ; il joua également aux concerts d'été de *Jullien*, à Covent-Garden. Il faut vraiment que cet orchestre de Jullien ait été bien remarquable, si l'on songe qu'aux premiers violons figuraient côte à côte *Sainton*, *Ernst*, *Sivori* et *Vieuxtemps*.

En 1847, *Verdi* vint en Angleterre, pour la représentation, au « Her Majes-« ty's Theatre », de son opéra « I Mana-« dieri », qu'il avait écrit spécialement pour une scène anglaise. Cette œuvre eut peu de succès, mais elle contenait un solo de violoncelle dans lequel Piatti se fit beaucoup applaudir.

Nous n'entrerons point ici dans le détail des disputes qui passionnèrent si fort le public, et qui furent si désagréables, et mêmes fâcheuses, pour les artistes. Qu'il nous suffise de dire que tout s'aplanit par la nomination de *Sir Michael Costa* au poste de chef d'orchestre à Covent-Garden, et par la décision prise au sujet de l'orchestre de « Her Majesty's Theatre », qui fut transféré à Covent-Garden. Cependant *Lumley*, qui avait la direction de « Her Ma- « jesty's Theatre », chargea *Balfe* de former un nouvel orchestre pour l'Opéra, et Balfe, qui connaissait Piatti depuis l'époque où l'orchestre de Bergame était « troppo basso », s'assura de son concours, et le prit comme chef de pupitre des violoncelles, — emploi qu'il tint pendant plusieurs années.

Dans un certain concert, Piatti joua sur son violoncelle d'Amati, qui venait d'être remanié entièrement par un luthier, et ne lui était rentré que le matin même. Il joua une de ses compositions : « Prière », qu'il exécutait souvent, avec succès, et qu'il considérait comme son cheval de bataille. *Servais*, le célèbre

violoncelliste, avait composé, lui aussi,
un morceau, « Souvenir de Spa » qu'il
jouait très souvent ; il disait à Piatti :
« Prière », c'est votre « Souvenir de
« Spa ». à vous ! » Pour revenir au concert dont nous parlions, Piatti trouva
lui-même que son exécution avait laissé
à désirer et qu'il avait « fait un four ».

Nous rappellerons que Piatti avait
choisi, pour sa première apparition au
« Concert Philharmonique », une fantaisie de *Kummer*. *Hellmesberger*, qui
était aussi spirituel que bon violoniste,
disait, en parlant de Servais et de Kummer : « Quand j'entends Servais jouer,
« cela me fait bien mal (sehr weh), et
« quand c'est Kummer, cela me fait du
« chagrin ! (kummer). » (¹)

Tout en jouant à l'Opéra, Piatti se
produisit fréquemment aux « National
« Concerts », dirigés par Balfe, au

______

(¹) « Wenn ich Kummer spielen hore, thut es
mir sehr weh (Servais) ; und wenn ich Servais
spielen hore. macht es mir Kummer ! »

« Majesty's Theatre », pendant l'automne de 1850. Pendant plusieurs années, il joua à la Société d'Harmonie Sacrée (« Sacred Harmonic Society »), sous la baguette de *Costa*. Cette Société monta les « Saisons » de Haydn à Exeter-Hall, le 5 décembre 1851. C'était pour l'ouverture de la saison, et voici un passage du compte rendu de cette séance dans le « Musical World » :

« Le seul changement important dans
« l'orchestre, c'est le remplacement de
« Mr. Lindley par s^or Piatti au poste de
« violoncelle solo. En prenant sa re-
« traite, le doyen de l'orchestre peut se
« consoler en pensant que cette place,
« qu'il a occupée si dignement pendant
« plus d'un demi-siècle, l'est aujourd'hui
« par ce jeune successeur si bien doué,
« et qui, sans comparaison possible, est
« le premier violoncelliste de l'Europe. »

Les concerts-monstres, donnés à cette époque, étaient bien fatigants. Un critique du « Morning-Post » écrit : « Le
« martellement du piano, quatre heures

« de suite, devient vraiment assom-
« mant ! »

Piatti racontait un incident qui sur-
vint à l'un de ces concerts-monstres,
donnés par *Glover*; on commençait à
2 heures après-midi, pour ne finir qu'à
7 heures et quelquefois plus tard. Un
jour, le violoncelliste *Paque* et le contre-
bassiste *Gilardoni* devaient exécuter ensemble une Sonate de Corelli vers le
milieu du concert. A ce moment, sur-
vient une chanteuse, disant : « Si l'on
« veut que je chante, c'est tout de suite,
« car il faut que je chante ce soir à
« l'Opéra ! » Puis, vient un chanteur,
avec les mêmes raisons. Bref, de fil en
aiguille, la Sonate de Corelli commença
à la fin du concert, au moment où le
public commençait à demander grâce et
à souhaiter quelque chose de moins
classique. Lorsque Paque commença la
fameuse gigue de Corelli, un auditeur
des galeries supérieures entonna l'air
populaire « A perfect cure », dont les
premières notes et le rythme sont iden-

tiques au début de la gigue, et que le public tout entier se mit à chanter en chœur. Gilardoni, furieux, décampa ; mais Paque, ne remarquant point son départ, continua jusqu'au moment où, s'apercevant qu'il était resté seul, il se leva et s'en fut aussi, avec son violoncelle.

Depuis 1846, Piatti demeura constamment à Londres, et l'Angleterre lui devint aussi chère que l'Italie. Par le fait, il y trouva, sans doute, plus d'amis qu'il n'en eût rencontré dans sa patrie. Sa mélodie sur les paroles de *Tennyson* : « Hiron- « delles ! hirondelles ! » exprime son amour profond pour l'Angleterre. Souvent aussi, dans ses séjours sous le beau ciel bleu d'Italie, il soupirait après le ciel gris et les brumes du Nord.

Au printemps de 1847, Mendelssohn vint à Londres pour la dernière fois, et la « Société des quatuors de Beethoven » donna, en son honneur, une séance privée, le 4 mai. Le programme était composé exclusivement d'œuvres de Mendelssohn, sauf les 32 variations de Beethoven, qu'il exécuta. Les autres morceaux étaient : le Quatuor en *ut* (op. 44), l'Ottetto, dans lequel Piatti fit sa partie, le Trio en *ré mineur* et plusieurs Romances sans paroles. Un des auditeurs écrivait, plus de cinquante ans après :

« Ce fut une séance mémorable, qui
« laissa une impression inoubliable à
« jamais. Piatti joua magnifiquement, le
« jeu de Mendelssohn excita un grand
« enthousiasme, Vieuxtemps fut grand. »

Le soir du même jour eut lieu un véritable événement musical : le début de *Jenny Lind* au « Her Majesty's Theatre. »

Lorsque cette même « Société des Qua-
« tuors de Beethoven » donna une séance analogue, en l'honneur de Spohr, Piatti joua la partie de 1er violoncelle dans l'Ottetto de Spohr, qui, naturellement, tenait la partie de 1er violon.

Sterndale Bennett (¹), un fervent admi-

(¹) Dont le plus beau titre de gloire est la dédicace que lui fit *Robert Schumann* de ses célèbres *Etudes symphoniques.* N. d. T.

rateur de Piatti, composa une Sonate-
Duo pour piano et violoncelle et la lui
dédia ; ils la jouèrent ensemble dans un
concert, quoiqu'elle n'eût été terminée
que dans l'après-midi même. Ils l'exécu-
tèrent une seconde fois au premier concert de la « Société des Quatuors », le
28 avril 1852.

Un Concerto pour violoncelle avec
accompagnement d'orchestre fut également composé par *Molique* pour Piatti,
auquel il le dédia. Il fut exécuté au Concert
Philharmonique, en mai 1853. Aucune
composition n'est plus propre à faire
ressortir le violoncelle que ce Concerto,
que Piatti joua souvent en Allemagne.
Dès qu'il fut terminé, Molique pria
Piatti de venir le déchiffrer, et un témoin disait que, bien que cette œuvre
présentât des difficultés de mécanisme
capables d'arrêter bien des artistes,
Piatti s'en fit un jeu, et que Molique disait
lui-même à un de ses élèves ? « Ce
« Biaddi, il est un tiaple ! Il a chué mon
« Concert à fue !... »

Le critique du « Musical World » écrivait : « Herr Molique a trouvé pour son « Concerto, dans la personne de Piatti, « un exécutant capable de le faire valoir « mieux que qui que ce soit. Son exécu-« tion dans les difficultés a été impec-« cable, et, dans les chants, son expres-« sion, son style, sa pureté de son au-« raient été une leçon précieuse pour « bien des chanteurs. » (¹).

Piatti étudia l'harmonie et la composition surtout, avec Molique ; ils avaient l'un pour l'autre l'admiration la plus grande. A Munich, Molique avait pris des leçons de violon avec *Rovelli*, qui était cousin du père de Piatti. Rovelli était premier violon solo (concert-meister) à l'orchestre Royal, mais il aimait la société des Bohémiens, et parfois Molique devait l'attendre jusqu'à une heure avancée de la nuit pour prendre sa leçon.

(¹) Sir Arthur Sullivan a écrit aussi pour Piatti un concerto de violoncelle, qui fut exécuté en public au Crystal Palace, en 1866.

Molique était très sévère en harmonie
et en contrepoint ; un jour que Piatti
défendait une progression harmonique
de son crû, disant que Meyerbeer l'avait
employée : « Meyerbeer n'est pas une
« autorité, et ne doit pas être pris pour
« tel ! » lui riposta Molique. Une autre
fois, Piatti avait joué une de ses propres
compositions devant *Regondi*, qui criait :
» Bravo ! bravo ! » — « Moi, je n'aime
» pas ça », trancha Molique.

Piatti disait souvent que Molique aurait eu beaucoup d'élèves en Angleterre,
s'il avait mieux parlé l'anglais. Un jour
qu'il se trouvait en voiture avec une
dame qui ne connaissait pas le chemin,
celle-ci lui dit de parler au cocher. Molique, mettant la tête à la portière, dit à
celui-ci : « Who are we ? » (¹). Le cocher
répond : « Si vous le savez pas vous-

(¹) « *Qui* sommes-nous ? » Molique voulait
dire : « Where are we ? » « *Où* sommes-nous ? »
Wo, en allemand, signifie : *Où*, et *wer* signifie :
Qui. De là son erreur.

« même, comment diable voulez-vous
« que je le sache ? »

Une autre fois, Molique fut cité en
justice, comme témoin, et lorsque l'huis-
sier appela : « Monsieur Molique ? »,
celui-ci, aussitôt : « Ché né rébonds bas ! »

Etant encore célibataire, Piatti dînait
d'habitude dans un restaurant de Golden-
Square, où il rencontrait souvent Mazzini, Orsini et d'autres réfugiés italiens.
Contraste assez piquant : à l'étage au-dessus venait dîner habituellement le prince
Napoléon, qui fut plus tard Napoléon III.

En 1856, Piatti épousa, à Woolchester,
près de Stroud, *Mary-Ann-Lucy Welsh*,
fille unique de Mr. *Thomas Welsh*, le
professeur de chant bien connu. Il eut
d'elle quatre enfants, dont, seule, une
fille survécut. Le ménage ne fut pas très
uni, et finit par se séparer à l'amiable.
Mme Piatti mourut en Italie quelques
semaines après son mari.

De 1861 à 1864, Piatti fit souvent partie
du jury pour les récompenses de la Société des Musiciens anglais, pour des

concours de musique de quintettes à cordes, et prit part à l'exécution des œuvres récompensées.

N'importe quel artiste eût été fier de l'invitation que la Société Philharmonique lui adressa pour le prier de jouer une de ses compositions au concert du 14 Juillet 1862, dirigé par Sterndale Bennett. Dès la semaine d'avant, toutes les places étaient retenues. Piatti choisit son « Thème varié », que les critiques qualifièrent de brillant, bien écrit et ayant eu un grand succès.

Piatti, s'étant rendu plus indépendant par son travail, jugea qu'il conviendrait de remplacer son logement meublé par un appartement à lui. Un jour, se promenant dans Park Lane, il vit que le bel hôtel de construction gothique, longtemps occupé par sir Travers Twiss et bien connu des Londoniens, était à louer. Il lui sembla bien situé et pas trop grand; il entra donc pour demander le prix de location. Inutile de dire qu'il ne le loua pas !

A cette époque, Piatti avait un petit logement meublé, au-dessus d'une pharmacie, au coin de Queens Garden. Son père vint le voir en Angleterre ; il fit le trajet par mer et débarqua aux London-Docks. Comme il ne savait pas un mot d'anglais, son fils lui avait envoyé des indications et son adresse par écrit, mais il égara le tout. Il s'adressa donc à un cocher et lui dit de le mener à Queen Garden ; mais comme il prononçait « Cooen », le cocher le mena tout droit à Covent Garden. Là, un policeman, ne comprenant pas ce qu'il voulait, l'emmena au bureau de police de Bow-Street, et envoya chercher un interprète à l'Opéra Italien, tout près de là. Le régisseur arriva : c'était *Monterasi*, peut-être le seul habitant de Londres qui fût de Bergame ; il le connaissait et put le faire conduire chez son fils. Le père Piatti ne sembla pas plus étonné de rencontrer Monterasi à Londres que si c'eût été dans une petite ville comme Bergame.

Pendant son séjour chez son fils, il

avait coutume de sortir seul. Son fils lui avait bien recommandé de porter constamment sur lui une carte avec son adresse, mais il s'y était toujours refusé, prétendant qu'il saurait bien demander son chemin. Un beau jour, il s'égare ; il aborde un monsieur en lui disant : « Phar- « macien, s'il vous plaît ! » Le monsieur héla une voiture et l'y fit monter, en disant au cocher : « Ce gentleman doit « être malade, conduisez-le chez un phar- « macien. » Par un hasard étonnant, le cocher le conduisit précisément chez le pharmacien au-dessus duquel habitait son fils.

Un jour que Piatti montait dans un omnibus, il effleura, par mégarde, du bout de son parapluie, le visage d'un voyageur. Celui-ci se fâcha, n'écoutant point les très sincères excuses qu'on lui faisait, lorsqu'un troisième gentleman dit à Piatti : « Ce n'est rien du tout, mon- « sieur, vos mains ont une autre valeur « que les yeux de cet homme ! »

Nous avons vu que Piatti connaissait

Mazzini : un jour, au moment de passer la frontière italienne, il se souvint qu'il avait sur lui un livre écrit par Mazzini. A cette époque, où l'Italie n'était pas encore unifiée, un tel bagage était fort compromettant et aurait pu lui valoir une arrestation et même de la prison ; il pensa que mieux valait ne rien cacher, au contraire. Il se mit donc à lire hardiment ce livre en pleine salle de la Douane. On visita ses bagages, mais personne ne lui demanda le titre du livre qui semblait l'intéresser si fort.

Cet incident rappelle l'aventure d'un voyageur qui, au moment des attentats à la dynamite qui causèrent tant d'émotion à Londres, vit un agent de police visiter son sac de voyage et, comme il se plaignait vivement à un compagnon de route de ces formalités vexatoires, celui-ci lui donna les raisons pour lesquelles la police se montrait si méticuleuse. « Mais répon-
« dit-il, mon sac est justement rempli de
« dynamite que j'emporte à la campagne
« pour faire sauter des souches d'arbres ! »

Piatti lui-même fut un jour impliqué dans cette série d'attentats à la dynamite, à Londres. Il avait trouvé chez un libraire un livre italien, ancien et rare, qu'il acheta, frappé de l'ignorance et de l'indifférence des commis. Le lendemain, Piatti recevait la visite d'un détective de Scotland Yard (¹). L'attentat à la dynamite contre London Bridge venait d'avoir lieu à l'instant, et on avait découvert que la boutique de librairie n'était qu'une enseigne fausse, servant à dissimuler un dépôt de dynamite. L'enquête avait fait découvrir l'adresse de Piatti, et on venait l'interroger pour qu'il pût donner des détails sur les personnes qu'il avait pu y rencontrer la veille. Ceci était, d'ailleurs, tout à l'éloge de la police métropolitaine qui avait su assez bien surveiller la boutique pour pouvoir retrouver aussi vite ceux qui avaient pu y entrer la veille.

Une autre fois, Piatti, qui collectionnait les vieux livres, entra dans une

____

(¹) La Préfecture de police, à Londres.

boutique de Greet Portland Street et y
acheta une quantité de vieille musique.
En la feuilletant, le marchand trouva un
morceau portant la signature de Hullah,
et ne voulut pas s'en dessaisir parce que,
disait-il, il collectionnait lui-même les
autographes. Piatti n'insista pas et
acheta tout le reste. Entre autres pièces,
il y trouva un opéra de *Handel*, dans
lequel le maître avait écrit, de sa propre
main, deux portées d'accompagnement
pour la voix : c'était là, certes, un auto-
graphe autrement précieux que celui de
Hullah !

Un autre jour encore, Piatti acheta
chez White, revendeur de musique dans
Oxford Street, une sonate pour violoncelle, de Boccherini, pour la somme de
trois shillings (3 fr. 75). Il y ajouta un
accompagnement et la joua en public.

Etant retourné chez White, qui possédait une autre sonate du même auteur,
on la lui fit quinze shillings (18 fr. 75).
« Mais », dit Piatti, « je n'ai payé la pre-
« mière que trois shillings ! » — « Ah !

« oui », riposta White, « mais vous ne
« l'aviez pas encore fait connaître au
« public. »

Un violon en argent, exposé dans un
magasin au coin de Leicester Square,
avait longtemps attiré l'attention de
Piatti ; *Mario* finit un jour par l'acheter,
mais il avait une bien misérable sonorité,
plus mauvaise encore, sans doute, que
celle de ces violons en faïence ou en
étain, montés sur bois, tels qu'on en
voit entre les mains des râcleurs des
rues.

Piatti avait vu, à Milan, un alto de
Stainer, dont le propriétaire demandait
trois mille francs.

Un adroit brocanteur arriva un jour en
Angleterre avec une collection d'instruments qu'il se proposait de vendre aux
enchères ; l'alto en faisait partie et sa
mise à prix était de trois cents francs. La
vente eut lieu dans la salle de MM. Put-
tick et Simpson ; lorsque l'alto passa,
Piatti le poussa jusqu'à cinq cent vingt-
cinq francs, et il lui fut adjugé à ce

prix. Après la vente, le marchand vint trouver Piatti et lui dit : « Je suis ruiné ! « Ce n'est pas trois cents francs, mais « trois mille francs que j'avais fixé sa « mise à prix ! » — Piatti lui répondit : « Si le propriétaire veut annuler la vente « et reprendre son instrument, j'y con- « sens ! » — Mais jamais il n'en entendit reparler.

L'orsqu'il fit réparer l'instrument, il fallut une opération délicate : changer la tête, une tête de lion qui, certainement, n'était pas de Stainer. Par bonheur, en visitant un des petits compartiments de l'étui, Piatti retrouva la tête orig**ï**nale, qui était une volute. Plus tard, il vendit cet alto à Berlin pour la somme de quatre mille cinq cents francs, ce qui lui fit un joli bénéfice ; mais, n'ayant acheté l'instrument que comme spéculation, on ne peut pas reprocher à un artiste de faire un semblable profit. La connaissance en instruments, comme en toutes choses, d'ailleurs, ne s'acquiert qu'à la longue et par études persévérantes ; il n'y a donc aucun reproche à faire à celui qui a acquis cette connaissance, s'il en tire certains avantages.

Voici maintenant une histoire qui montre à quels artifices se livrent certains organisateurs de concerts : Un nommé Calcraft avait monté un concert à Exeter Hall et avait annoncé que « Sivori venait expressément pour s'y « faire entendre ». Le jour même du concert, Piatti rencontre par hasard Sivori et lui dit : « Tu arrives bien tard ! » Sivori ne pouvait comprendre ce langage, n'ayant jamais entendu parler de ce concert. Les voilà tous deux qui se rendent à Exeter Hall et arrivent juste pour entendre, à leur entrée, Calcraft annonçant : « Mesdames et Messieurs, j'ai le « regret de vous annoncer que signor « Sivori a manqué à tous ses engage- « ments. » Piatti voulait faire monter Sivori sur la scène, pour qu'il se montrât au public, mais celui-ci n'en voulut rien faire.

Quoique étant allé souvent en Angle-

terre, Sivori ne savait que fort peu
d'anglais. Dans un concert où il jouait,
Henry Russell, le compositeur populaire de « Cheer, boys, cheer » chantait
aussi ; il fut rappelé, ce qui rendit Sivori
un peu jaloux. Le lendemain, le journal
le « Times » reproduisait un long dis-
cours prononcé au Parlement par *Lord
John Russell*. Les amis de Sivori lui
montèrent une scie en lui montrant le
journal et en lui disant : « Tu vois, le
« Times » ne parle que de Russell ! »

Racontons ici un trait bien gracieux
de *Lady Benedict*, aujourd'hui *Mrs Law-
son*.

Lady Benedict avait demandé à Piatti
de jouer chez elle dans une grande soirée
et lui avait envoyé un chèque de quinze
guinées. Le cachet de Piatti, à cette
époque, était de vingt-cinq guinées, mais
il ne dit rien. Informée plus tard de son
erreur, lady Benedict invita Piatti à
dîner, en le priant de faire apporter son
violoncelle. C'était une réception de
famille et tout à fait intime ; néanmoins

Piatti reçut, quelques jours après, un chèque de vingt-cinq guinées (¹).

Voilà qui forme un heureux contraste avec ces invitations, rares, nous l'espérons, où l'on convie les artistes à dîner pour leur demander ensuite de jouer. Un jour, Liszt, en pareille occurrence, se borna à frapper quelques accords sur le piano, puis il dit à la maîtresse de maison : « Madame, j'ai payé mon dîner ! » Dans des circonstances semblables, Chopin répondit : « Oh ! Madame, j'ai si peu « mangé ! » Mais le plus avisé de tous fut peut-être ce chanteur qui déclara : « Je « puis dîner, je puis chanter, mais je ne « puis faire les deux l'un après l'autre. »

Un jour, Piatti voyageait dans le nord de l'Angleterre ; il devait jouer dans une maison particulière. Il avait sa basse à

(¹) La guinée (guinea) est une monnaie conventionnelle valant 21 shillings ; la livre est la pièce d'or de 20 shillings. L'aristocratie et les gens du high-life ne comptent que par guinées et les magasins à la mode en profitent pour tout tarifer en guinées (Note du traducteur).

5

côté de lui, dans la voiture publique, et lia la conversation avec un compagnon de route, un gentilhomme anglais, qui lui demanda où il allait. Lorsqu'il connut le nom de la localité où Piatti s'arrêtait, il lui fit observer que c'était « un bien « petit endroit », et il ajouta : « Mais il « y a peut-être une foire ».

Ce n'est pas seulement en Angleterre que Piatti passait ainsi incognito. Un jour, à Brescia, il accompagnait lord et lady Battersea et leur montrait les principales curiosités de la ville, lorsqu'un cicerone brescian vint à lui et le tirant à part : « Vous n'êtes pas d'ici », lui dit-il. « Moi, je connais Brescia, et je « puis conduire partout vos compagnons. « Nous partagerons ensuite le pour- « boire ».

Un autre jour, à Arnheim, Piatti devait jouer un concerto avec accompagnement d'orchestre, et un des violoncelles devait jouer un passage à la tierce avec le violoncelle principal. Or, à la répétition, celui-ci jouait faux. Piatti le regarde et voit qu'il fume ; il l'engage à poser son cigare et à recommencer le passage : la seconde fois n'alla pas mieux que la première. Alors Piatti s'écrie : « Peu importe, je ferai le passage tout « seul, en doubles cordes ! » — Après la répétition, comme il s'en allait, le violoncelle de l'orchestre vint le trouver et lui demanda sa photographie.

« Je n'en ai pas ici », répondit Piatti, « mais si vous voulez bien me donner « votre adresse, je vous en enverrai une « de Londres ».

Son interlocuteur lui tend une carte de visite et Piatti lit : Baron von Amerongen, grand chambellan de Sa Majesté le Roi. — « Je crains », dit-il, » de vous « avoir paru un peu brusque à la répéti- « tion, mais, en vérité, je ne savais pas « que je parlais à un amateur. »

— « Oh ! bien au contraire », repartit le chambellan », je vous en sais grand « gré ! Ici tout le monde m'assomme de « compliments, et je vous suis fort « reconnaissant de m'avoir dit la vérité ! »

Une fois, à Newcastle, Piatti alla au théâtre pour entendre « Don Pasquale ». Quel ne fut pas son étonnement d'y voir *Thalberg*, jouant le rôle du notaire ! Thalberg remplaçait un acteur malade.

Outre les concerts de la Société Philharmonique, où il joua souvent, Piatti se fit entendre à Crystal Palace et dans d'autres grands concerts, tant en Angleterre que sur le continent. Mais c'est surtout dans la musique de chambre qu'il aura laissé un impérissable souvenir.

Lorsque la Société privée l' « Union musicale » eut été convertie par *Mr. Ella* en société publique pour donner des concerts de musique de chambre, Piatti y occupa pendant plusieurs années le pupitre de violoncelle principal ; les quatuors eurent à cette époque, comme premiers violons Sivori, Ernst, Vieuxtemps, Sainton, Joachim et d'autres encore. Les séances eurent lieu d'abord à « Willis Rooms ». Plus tard, lorsqu'elles se donnèrent à Saint-James Hall, les exécutants étaient entourés de tous côtés par le public, disposition adoptée récemment par le quatuor de Joachim.

Ce fut à ces concerts que Mr. Ella mit pour la première fois en pratique les programmes analytiques. Les souscripteurs les recevaient quelques jours avant le concert, ce qui leur permettait de se renseigner sur les œuvres qu'on allait exécuter. La « Bach choir » (Société chorale de Bach), essaya de l'imiter, mais sans succès. Aujourd'hui, on vit à une si haute tension que le public veut lire et écouter en même temps ; le résultat est celui qui attend en général ceux qui veulent faire deux choses à la fois. Dans une épreuve de l'un de ces programmes, Piatti avait remarqué un paragraphe commençant ainsi : « Ce « quatuor est peut-être un des *moins* inté« ressants des quatuors de Haydn. » — « Mais, vous ne pouvez pas imprimer « cela », s'écria-t-il aussitôt, « le public

« va demander pourquoi on le joue ! »
Le temps manquait pour remanier
l'épreuve ; aussi, quand les programmes
parurent, Piatti put il lire : « Ce qua-
« tuor est peut-être un des *plus*
« intéressants de Haydn. »

Les Concerts populaires furent fondés
en 1859, par Mr. Arthur Chappell : Piatti
peut être considéré comme l'un des pro-
moteurs de cette entreprise, tant il y
prit d'intérêt ; jusqu'à sa retraite, il y
occupa constamment le pupitre de violoncelle et ne manqua que bien peu de
concerts. C'est là que commença l'ami-
tié qu'il conserva toute sa vie avec
Strauss et *Ries* qui, aux seconds violons,
furent aussi assidus à ces concerts que
Piatti lui-même.

A ces Concerts populaires, Piatti
trouva l'occasion de se créer bien des
relations et beaucoup d'amis. Parmi ces
derniers était un violoncelliste qui, sans
être arrivé au premier rang, occupait
cependant un poste très important.
L'entrée de la salle occupée par les

« Christy Minstrels » (¹) donne sur l'escalier qui conduit de Saint-James Hall au foyer des artistes.

Un jour que Piatti descendait cet escalier, la porte de la scène s'ouvrit, donnant passage à un homme à face noire, qui le salua et lui dit : « Ah ! vous « êtes il signor Piatti, le violoncelle-« solo des Concerts Populaires du lundi ! « Eh ! bien, moi, je suis le violoncelle « principal des « Christy Minstrels ! »

Les plus importantes compositions de Piatti, ou, du moins, celles qu'il prit le plus de plaisir à écrire, furent ses Sonates avec piano, composées pour les Concerts Populaires. La première fut écrite en Italie, à Cadenabbia, et exécutée pour la première fois le lundi 5 janvier 1885, par l'auteur et *Mme Haas:* Piatti fut rappelé trois fois par l'assistance ravie. Cette Sonate fut rejouée le samedi 27 février.

(¹) « Christy Minstrels » était un concert de musiciens nègres, ou, du moins à faces noircies.

Au dernier concert de l'année, Piatti fit entendre sa « Bergamesca ». Un critique expliqua que cette Bergamesca était une danse de Bergame, quelque chose comme une Saltarelle. Mais, quand on demanda à Piatti des éclaircissements sur ce point, il répondit : « Je n'en sais « absolument rien ; j'ai trouvé ce mot « dans le Dictionnaire. Le rhythme est « bien celui d'une danse populaire du « pays, mais elle n'y est nullement appe- « lée Bergamesca. »

La seconde Sonate (en *ré*) fut écrite l'année suivante, pendant sa convalescence des suites d'une chute grave, où il manqua de perdre la vie, ainsi que nous le raconterons plus loin. Cette Sonate fut exécutée au commencement du concert du 4 avril 1886, par l'auteur et Mlle *Agnès Zimmermann*. Cette œuvre comprend trois parties ; la dernière est un air varié.

La troisième Sonate fut écrite en 1889, la quatrième en 1893, la cinquième et la sixième en 1896, mais elles n'ont jamais été éditées.

Tout en jouant à ces Concerts Populaires, le célèbre quatuor donnait des séances dans les principales villes d'Angleterre. Un jour, qu'ils arrivaient à Nottingham, ils virent une affiche sur laquelle on lisait, en grandes lettres : Herbert Reeves va arriver, et, plus bas, en petites lettres :

Joachim, l'ami des Rois et des Empereurs ;

Piatti, le Roi des violoncelles ;

Ries, le premier des seconds violons, et enfin :

Herbert Reeves va arriver.

Herbert Reeves est arrivé.

Aussitôt arrivés à l'Hôtel, ils dépêchèrent un exprès à l'organisateur du concert, pour le supplier de leur dire si, vraiment, « Herbert Reeves était arrivé! »

Dans une autre ville, Piatti recommandait instamment au portier de l'hôtel les plus grandes précautions pour descendre de l'omnibus l'étui de son violoncelle, qui, ajoutait-il, était chose très précieuse.

« Serait-ce un Joseph ? » lui demanda
le portier.

— « Mieux que ça !

— « C'est donc un Strad ? » répliqua
l'autre.

Pendant une autre tournée, le Stradivarius fut l'objet d'une tentative de
« chapardage ». Après le concert, un
Monsieur, d'apparence distinguée, portant un étui de violoncelle, vint au foyer
où Piatti était occupé à serrer son instrument dans sa boîte. Il plaça la sienne
tout auprès et, en tirant un violoncelle,
il commença à raconter qu'il l'avait payé
un gros prix, bien lourd pour lui, et pria
le Maître de lui donner son avis sur
l'instrument. Piatti s'y refusa d'abord,
puis, cédant à de pressantes instances, il
l'examina, et finit par lui dire qu'il avait
été honteusement trompé, car il n'avait
aucune valeur. Après quelques instants
de conversation, le Monsieur s'en alla.
Tout à coup, accourt un garçon de
l'hôtel, criant : « Monsieur Piatti !
« Venez ! venez vite ! Le Monsieur est

« en train de charger votre violoncelle
« sur une voiture ? »

Piatti descend en toute hâte et arrive
juste à temps !.., Ce fut une profusion
d'excuses : « On s'était trompé d'étui »,
etc., etc. Mais le Stradivarius était
sauvé !

Pendant les vingt dernières années de
sa vie à Londres, Piatti habitait « Nord-
wick Terrace, nº 15 ; l'aventure suivante,
encore à propos de son Stradivarius,
donne une idée du soin que Miss
Freemann, sa gouvernante, prenait de
tout ce qui le touchait : Un soir, un
commissionnaire vient, tout courant,
frapper à la porte ; il se présentait de la
part d'un ami intime de Piatti, fort bien
connu de Miss Freemann, et avec lequel
il faisait souvent de la musique. « Cet
« ami », ajoutait-il, « se trouve dans un
« grand embarras ; il a du monde chez
« lui, on veut faire de la musique, mais
« il n'y a pas de violoncelle, et il
« m'envoie prier Signor Piatti de lui
« confier le sien pendant quelques

« heures. Il en prendra le plus grand
« soin. » — Miss Freemann ne voulut
rien entendre et ne se laissa point prendre
à ce piége.

Aussi, Piatti n'oublia-t-il point son
dévouement et lui fit-il un legs accompagné de ces mots : « En souvenir des
« bons soins qu'elle a pris de moi, pen-
« dant que j'habitais sa maison. » (¹).

(¹) Femme de charge (Landlady). En Angleterre, on trouve beaucoup d'appartements,
généralement garnis. La propriétaire ou la
principale locataire de l'immeuble s'occupe de
vous, de vos repas, et fait office de femme de
charge.   (Note du Trad.)

CHAPITRE VII.

CADENABBIA.

Tous les touristes qui ont parcouru l'Italie connaissent le beau lac de Côme, dont les rives ont été surnommées « le Jardin de l'Italie », et surtout les nombreuses villas, presque toutes bâties par des Anglais, dans les environs de Termezzo.

Cet endroit a été appelé Cadenabbia, du nom d'un village perché sur les collines avoisinant le lac.

En 1868, Piatti y acheta une petite villa, ayant vue sur le lac ; elle est connue aujourd'hui sous le nom de « Villa Piatti ». C'est là qu'il venait se reposer, après les fatigues de la saison musicale à Londres. Il était sûr d'y trouver, surtout parmi les Anglais, des amis nombreux et fidèles. Pour parcourir les sentiers des collines qui entourent le lac, il n'y avait pas, dans tout le pays, de guide plus sûr, de compagnon plus charmant que ce noble artiste, si bon, si simple, possédant en outre un esprit si orné par ses voyages accomplis en sagace observateur, par ses lectures et doué, de plus, d'une excellente mémoire.

On raconte que, pendant les campagnes de Napoléon Ier en Italie, un détachement de cavalerie avait essayé d'opérer une retraite par un des sentiers abrupts de la partie Nord du lac ; mais cette histoire trouvait bien des incrédules, à cause de l'impossibilité pour la cavalerie d'aborder un tel escarpement. Or, un jour que Piatti parcourait ce sentier, il aperçut une plante dont la fleur lui plut ; il essaya de la déraciner avec la pointe de son parapluie : la pointe heurta un corps dur. Piatti continua sa besogne et finit par mettre à nu une aigle, de celles qui surmontaient les casques de cavalerie.

Comme intérieur, la Villa Piatti est l'idéal pour la résidence d'un artiste. Les principales pièces sont au rez-de-chaussée et donnent sur le lac, mais le cabinet du maître est sur les derrières, à l'étage au-dessus, et la différence de niveau des terrains fait qu'il se trouve de plain-pied avec le jardin.

Piatti fut toujours un ardent collectionneur de livres rares, surtout en Angleterre, et en examinant sa bibliothèque, on eût pu croire qu'elle avait été formée par un homme de loisir, ayant reçu une sérieuse éducation littéraire, et non par un pauvre artiste, obligé de gagner son pain dès sa plus tendre enfance.

Dans le dernier mouvement de la 9e symphonie de Beethoven, il y a un passage très suggestif de musique militaire, avec une partie pour instrument désigné « Cinelli » et que l'on exécute toujours avec les cymbales. Un jour, Piatti avait atteint cette partition dans sa bibliothèque. « Je me demande », disait-il, « quel « instrument voulait désigner Beethoven « sous ce nom de Cinelli. Il n'existe pas

« de mot semblable en italien, et je crois
« bien qu'il entendait par là ces clo-
« chettes qu'on emploie dans les musi-
« ques militaires et qu'on nomme « Cha-
« peau chinois (¹) ».

Le mot allemand qui signifie cymbales
est « Becken », mais l'on n'a dû employer
ce terme que bien postérieurement à la
mort de Beethoven. A Vienne, il existe
un mot local « Cinellen » qu'on ne
trouve pas dans les Dictionnaires usuels.
« Cinelli » est peut-être le mot populaire
viennois italianisé, mais, comme le « Chapeau chinois » resta employé dans les
musiques militaires plus de vingt ans
après la mort de Beethoven, on demanda
à Piatti d'écrire ce bout de conversation
et il le fit en ces termes :

« Il signor *Gemalli*, un voyageur du
« XVIᵉ siècle, parle d'un instrument chi-
« nois, composé de clochettes, dont on

(¹) Dans le Dictionnaire de musique de Grove,
vol. 1, p. 346, on décrit cet instrument sous les
noms de Pavillon chinois, Croissant chinois,
Chapeau chinois.　　　　　(N. D. l'A.).

« se servait lors des entrées solennelles
« du Roi. Ce nom a bien pu être trans-
« formé par corruption en « Cinelli ».
« Je me rappelle avoir vu à l'orchestre,
« dans mon enfance, un instrument
« appelé « Campanelli cinesi » ; il était
« pourvu d'un long manche portant des
« clochettes et l'on en jouait en l'agitant.
« Je pense que c'était là l'instrument que
« Beethoven a indiqué dans sa 9e sym-
« phonie, où il est, d'ailleurs, parfaite-
« ment à sa place. Mais le mot de
« Cinelli » n'existe dans aucun Diction-
« naire. »

La villa Piatti renfermait une collection de tableaux peu nombreuse, mais
bien choisie ; entre autres une intéressante peinture de la place Centrale à
Bergame, et un portrait de Charles Ier,
attribué à Van Dyck, et que Piatti avait
déniché chez un brocanteur, à Como.

Quelque temps après l'installation de
Piatti sur les bords du lac, la ville de
Como donna un concert au profit d'une
œuvre de bienfaisance. Piatti y prit part,

et, juste au moment où il allait entrer en scène, on lui remit un télégramme. « Je ne puis l'ouvrir en ce moment », se dit-il, et il joua. Aussitôt après, il en prit connaissance : il lui annonçait qu'il venait d'être nommé chevalier de l'Ordre de la Couronne d'Italie.

Rosa, fille de Piatti, fut la compagne de toute sa vie ; en 1875, elle épousa le comte *Carlo Lochis*, issu d'une ancienne famille de Bergame qui avait, pendant de longues années, représenté cette ville au Parlement italien. La terre patrimoniale est à Crocetta di Mozzo, à quatre milles environ de Bergame. Le comte n'eut jamais d'hôte plus désiré ni mieux accueilli que son beau-père, pour qui il avait une grande affection. La science et l'habileté de Piatti comme collectionneur de livres enthousiasmèrent tellement le comte, qu'après son mariage il devint, lui aussi, un bibliophile distingué.

En 1885, comme Piatti et sa fille allaient de Cadenabbia à Crocetto, le comte était venu les chercher avec sa voiture à la gare de Ponte San Pietro. Aujourd'hui, la route a été améliorée, mais à cette époque, entre la station et la ville, il y avait un tournant brusque, au bas d'une côte. Le cheval prit peur, le cocher perdit la tête, et la voiture versa. Le comte eut une violente commotion cérébrale et fut plusieurs jours en danger de mort ; Piatti eut le bras droit brisé près de l'épaule et de graves coupures à la tête ; fort heureusement la comtesse s'en tira presque indemne et put, durant de longues semaines, soigner ses deux chers malades dans des chambres séparées, en leur laissant réciproquement ignorer leur état.

Lorsque Piatti se leva, il essaya de jouer du violoncelle ; mais quand il sentit son bras sans force, il éclata en sanglots. Cependant la vigueur lui revint avec le temps, et beaucoup d'entre nous se rappelleront l'ovation qui lui fut faite, à St James Hill, lorsque, après un an d'absence, il reprit sa place habituelle à l'orchestre des Concerts Populaires, le

8 mars 1886. Voici un extrait de l'article du « Musical Times » consacré aux concerts du lundi et du samedi :

« Lundi fut un jour à marquer d'un
« caillou blanc pour les organisateurs.
« Le public avait presque perdu l'espoir
« de revoir signor Piatti pendant cette
« saison ; aussi l'annonce de son retour
« fut-elle chaleureusement accueillie.
« Inutile de dire de quels applaudisse-
« ments, de quels rappels continuels il
« il fut salué. Cette démonstration était
« aussi bien un hommage rendu à l'ar-
« tiste qu'un témoignage de sympathie
« et de félicitations.

« Quel malheur, en effet, quel chagrin
« pour tout le monde, si la carrière de
« signor Piatti avait été brisée par cet
« accident si douloureux, si regrettable !
« Mais son retour à la santé, son aisance
« nous rassurèrent tous promptement,
« car il ne laissa voir aucune trace
« fâcheuse de ses blessures dans l'exécu-
« tion du Quintette en *ut mineur* de
« Mozart, non plus que dans le Largo et

« l'Allegro en *fa* de Veracini. Pour le
« style, le phrasé, l'expression et l'exé-
« cution, signor Piatti reste le violon-
« celliste sans rival. »

Pendant l'été de 1892, Piatti et sa fille
allèrent à Milan, et voici le récit d'une
rencontre avec Verdi que nous extrayons
de l'une de ses lettres :

« Nous étions à dîner à l'hôtel, lorsque
« nous apprîmes que *Rubinstein* était à
« Milan, à l' « Hôtel de la Ville ». Mon
« père me proposa d'aller le voir aussitôt
« après le dîner, et nous y fûmes. Rubins-
« tein fut charmé de notre visite et nous
« invita à dîner pour le lendemain. En
« prenant le café, Rubinstein dit à mon
« père : « Verdi est à Milan, et j'ai bien
« envie d'aller le voir. »

— « J'irai avec vous, si vous le permettez ».

« Rubinstein accepta avec empresse-
« ment et, le lendemain, nous allâmes
« tous trois faire à Verdi la visite pro-
« jetée. A un moment, Verdi prit mon
« père par le bras et l'emmena sur le bal-

« con pour lui parler à part. Quand ils
« rentrèrent dans l'appartement, mon
« père demanda à Rubinstein s'il ne vou-
« lait pas jouer quelque chose à Verdi.
« Mais, certainement ! » répliqua-t-il,
« seulement il faut lui jouer quelque
« chose avec violoncelle. Je serais heu-
« reux de jouer une de mes sonates ».

« Mon père n'avait pas de violoncelle,
« mais on fit demander au comte Melzi
« de prêter le sien et, finalement, M. et
« Mme Verdi nous invitèrent à passer la
« soirée du lendemain avec eux.

« Quelle soirée délicieuse, inoubliable !
« Verdi fut charmant; *Stolz* était là, ainsi
« que *Boïto*. Pendant que Rubinstein et
« mon père jouaient, j'étais assise en face
« de Verdi, et c'était un vrai tableau
« mouvant que les expressions chan-
« geantes de son visage; pendant le final,
« il se leva d'un mouvement inconscient,
« tandis que des larmes sillonnaient sa
« face; mais, vers les derniers accords, il
« se rassit, reprit sa première attitude, et
« ceux qui ne l'avaient pas observé ne se

« fussent jamais doutés à quel point il
« avait été ému.

« En prenant congé, comme je serrais
« la main à Verdi, en le remerciant de
« m'avoir invitée, *moi aussi*, à cette déli-
« cieuse soirée, il m'arrêta court, et, me
« mettant une main devant la bouche :
« Vous », me dit-il, « vous ! me remer-
« cier, quand c'est moi qui vous dois des
« actions de grâce pour m'avoir amené
« votre père, Alfredo Piatti, et me l'avoir
« fait entendre !... »

« Ainsi finit cette soirée de délices. »
Piatti prit sa retraite à la fin de la saison des Concerts Populaires, en 1898.
Avant de quitter l'Angleterre, il tomba
sérieusement malade et ce fut pour lui
une douloureuse épreuve que de prendre
congé de ses nombreux amis. Parmi
ceux auxquels il lui fallut dire un adieu
définitif était son chien, un *collie* nommé
« Pop », qu'il aimait beaucoup, et qui
mourut quelques mois après le départ de
son maître. Accompagné de sa fille, il
regagna l'Italie, où il passa ses dernières

années, tantôt chez lui, tantôt à Bergame, tantôt chez sa fille, sa santé ne lui permettant plus de retourner en Angleterre.

Heureusement rétabli à l'automne de 1898, il donna à Bergame, sous son patronage, pour fêter le centenaire de Donizetti, un grand festival où figurèrent Joachim et plusieurs autres grands artistes. On y inaugura la statue de Donizetti. A cette occasion, le roi d'Italie créa Piatti commandeur de l'Ordre de la Couronne, avec la médaille, ce qui était la plus haute dignité que l'on pût lui conférer. Nous avons vu qu'il était déjà chevalier de cet Ordre depuis quelque temps.

Le gendre de Piatti, le comte Lochis, mourut en mars 1899, après quelques jours de maladie, laissant deux enfants : Margherita et Alfredo.

La maison de Crocetta, résidence des Lochis, possède une galerie vitrée, où la famille avait coutume de déjeuner ; c'était le séjour favori de Piatti pendant la saison froide. De cette galerie, on aperçoit la grande route qui part de Bergame et se dirige vers l'Ouest. Un jour, en février 1901, Piatti y aperçut un corps de troupes italiennes : « Ah ! » s'écria-t-il, « que ce spectacle fait tressaillir mon « cœur ! J'ai si souvent vu des troupes « autrichiennes sur cette route ! »

Peu de semaines avant sa mort, le Maitre tirait encore son violoncelle de l'étui, et en jouait, à la grande joie de ses amis, mais ce n'était pas son Stradivarius, car il l'avait laissé à Cadenabbia, chez lui.

A partir de l'été de 1900, on le vit décliner rapidement. Il souffrait d'un ralentissement des mouvements du cœur et, à chaque crise, il s'affaiblissait davantage. Il aimait encore la société de ses amis, et, peu de temps avant sa mort, il prit un grand plaisir à la visite de Boïto, qui était venu le voir chez sa fille près de laquelle il se trouvait depuis l'automne de 1900.

Dès le commencement de juillet 1901,

il lui devint impossible de descendre au jardin ; sa fille l'aidait à s'habiller et il pouvait encore venir s'étendre sur un sofa, au rez-de-chaussée. Mais, bientôt, il dut y renoncer ; son esprit cependant restait toujours net, et pas une fois il ne perdit connaissance.

Ses dernières paroles furent une tendre bénédiction pour sa fille et ce fut la main dans la sienne qu'il s'éteignit doucement, le jeudi 18 juillet 1901, un peu avant minuit (1).

Bien que les derniers jours de ce grand artiste, si simple, se fussent écoulés dans la stricte intimité de la famille, l'Art ne voulut pas perdre ses droits sur lui, et tint à rendre les honneurs à sa dépouille mortelle.

Les professeurs et les élèves du Conservatoire de Bergame vinrent faire la veillée du mort, jusqu'au moment où il fut transporté, couvert de lauriers, à sa

-----

(1) Il était âgé, par conséquent, de 79 ans 7 mois et 10 jours.

dernière demeure dans le caveau de la famille Lochis. A l'église, quatre professeurs jouèrent l'Andante du quatuor en *ré mineur* de Schubert, intitulé : « la » Mort et la Jeune Fille », Piatti ayant souvent exprimé le désir qu'on exécutât cette composition à ses funérailles, de préférence à toute autre.

Ces funérailles furent un deuil public ; elles eurent lieu le lundi 22 juillet. Elles furent présidées par le Préfet ; on y vit aussi des membres du Parlement, une députation de la province, le Maire et le Conseil municipal de Bergame, des députations des principales Sociétés de musique et, — hommage touchant, — quatre bateliers de Cadenabbia, qui insistèrent pour figurer dans le cortège.

Des centaines de personnes vinrent de Bergame, malgré un temps épouvantable. Le service funèbre fut célébré dans l'église paroissiale de Mozzo, et l'inhumation fut faite dans le caveau de la famille Lochis, en la chapelle du château

où le grand artiste avait passé ses derniers jours.

La semaine d'après, les professeurs du
Conservatoire revinrent à la chapelle ét
y jouèrent une seconde fois le quatuor de
Schubert, puis étendant tous quatre la
main, ils prirent l'engagement solennel
de revenir tous les ans le jouer, le jour
anniversaire de la mort du Maître.

Les compositions de Piatti sont celles
d'un maître accompli du violoncelle ; elles
trahissent une influence évidente de la
mélodie italienne. Outre une trentaine
de duos peu importants pour piano et
violoncelle et des mélodies pour chant
avec violoncelle obligé, elles comprennent
un concertino, deux concertos composés
pour les concerts de Crystal Palace, une
« Fantaisie romantique » écrite pour les
concerts Hallé, à Birmingham, le tout
avec accompagnement d'orchestre.

Nous avons déjà parlé de ses six sonates
pour piano et violoncelle. Il écrivit encore
une sérénade pour deux violoncelles. Sa
dernière œuvre, terminée le dernier jour

de l'année 1900, est la « Danza moresca »
pour violoncelle avec accompagnement
de piano. Il l'exécuta avec sa maëstria
habituelle, dans une réunion d'amis chez
sa fille, le 1ᵉʳ janvier 1901.

Outre ses compositions originales, il
a laissé une œuvre très profitable à tous
les violoncellistes en éditant de la musique
ancienne, fruit de ses recherches de
bibliophile, et qui forme le commencement d'une collection sérieuse et précieuse pour le violoncelle, cet instrument
si négligé jusqu'à présent par les compo-
siteurs.

Parmi tant d'œuvres auxquelles Piatti
redonna la vie, après plus de deux siècles
d'oubli, il faut citer des variations par
Simpson (¹), avec basse chiffrée, décou-
vertes par hasard chez un ami dont il était
l'hôte, — des sonates par *Locatelli, Vera-*

(¹) Christoph Simpson, célèbre virtuose anglais
(1610-1670). Il a laissé une méthode excellente
de viole de Gambe et nombre de pièces pour
cet instrument, sur lequel il excellait.

(Note du Trad.)

cini et *Porpora*, et six lezioni par *Attilio
Ariosti*, écrites originairement pour viole
d'amour, et qui lui coûtèrent beaucoup
de patience et de travail à transcrire pour
violoncelle.

Jamais, peut-être, on ne vit de meil-
leur connaisseur que Piatti, non seulement en violoncelles, mais aussi en violons. Il passait des heures entières sur un
instrument, pour lui ajuster un chevalet,
une âme, des cordes, etc. Son opinion
sur le changemeut de diapason, question
si longtemps agitée en Angleterre, a donc
beaucoup de poids. Il n'était pas opposé
à ce qu'on le baissât, mais il n'admettait
pas qu'il y en eût deux. Les violons
anciens, italiens ou anglais, avaient été
construits à l'origine pour un diapason
plus bas que celui de nos jours ; ils ont
dû, par conséquent, subir des modifica-
tions dans leurs barres d'harmonie, leurs
chevalets, leurs âmes et leurs cordes.
« Si donc on revient à un diapason plus
« bas », disait Piatti, « il faudra encore
« remanier tous ces accessoires pour que

« les instruments retrouvent leur vraie
« sonorité. »

Enfin, comme violoncelliste, Piatti
fut, de l'aveu unanime, le plus grand de
tous. Tous les autres violoncellistes
vivants, Haussmann, Becker, Witehouse.
Ludwig, Stern, tous sont à ses pieds [1],
et, de même que Joachim a enseigné et
formé tous les violonistes actuels [2], de
même, surtout en Angleterre, Piatti a
été le chef d'école de tous les violoncellistes [3]. On pourra juger de sa technique
et de son mécanisme quand on saura
qu'après avoir pris sa retraite, il s'amusait à jouer sur le violoncelle la partie de
violon-solo du Concerto de Beethoven !
Mais il était si éloigné de faire parade de
sa facilité et de sa puissance que bien

-----

[1] Opinion très exagérée pour ceux qui,
comme nous, après avoir entendu Piatti, ont pu
entendre ensuite Carl Davidoff, Jules Lasserre
et, de nos jours, André Hekking.   (N. d. T.)

[2] Opinion évidemment par trop hyperbo-
lique.   (Note du Traducteur.)

[3] *Id., id.*   (Note du Traducteur.)

peu de ses amis ont eu l'occasion d'en être témoins.

Un amateur anglais, oculiste de profession et très fin observateur, disait que, quand un exécutant allait aborder un passage difficile, il le surveillait attentivement, pour voir si la difficulté se trahirait dans ses mouvements. Chez Piatti, rien n'indiquait ni ne laissait soupçonner la difficulté par des signes extérieurs ; au contraire, plus un passage était scabreux. plus il semblait à l'aise. En outre de la puissance extraordinaire de son jeu, il possédait un don plus précieux encore, celui de donner aux notes les plus élevées, les plus difficiles, les plus « piano » un timbre d'une suavité exquise, qui les faisait porter partout.

La qualité maîtresse de Piatti était une volonté inébranlable, qualité essentielle pour réussir dans n'importe quelle carrière. Sans elle, jamais il n'eût pu triompher des obstacles et des déboires de ses premières années. Quelle que chose qu'il entreprît, c'était avec l'idée arrêtée d'aller jusqu'au bout, sans se rebuter.

Il aimait les exercices anglais, et, bien qu'il eût perdu l'agilité et la jeunesse lorsque le « lawn-tennis » fut à la mode, il y devint pourtant un joueur avec lequel il fallait compter. Il aimait les jeux de cartes et jouait bien le « whist », mais il ne voulut jamais tâter du « bridge ». Il n'aimait pas jouer d'une façon intéressée. « Je n'ai », disait-il, « nul plaisir à gagner « l'argent de mes amis, ni à perdre le « mien. »

Un artiste de ses amis disait de lui, après sa mort : « Il savait se faire des « amis fidèles, et j'avais pour l'homme « autant d'affection que d'admiration « pour l'artiste. »

Cette esquisse de la vie d'un homme que tout le monde honorait et respectait, d'un homme qu'il suffisait de connaître pour l'aimer aussitôt, ne peut être mieux terminée que par la citation des paroles d'un Anglais qui fut l'ami de toute sa vie :

« Il y a », disait-il, « un trait caracté-
« ristique de Piatti, dont je puis témoi-
« gner, l'ayant fréquenté et ayant été son
« ami pendant plus de cinquante ans :
« Jamais je ne l'ai entendu mal parler
« d'un confrère artiste : s'il ne l'appréciait
« pas, il n'en disait rien ; dans le cas
« contraire, personne ne faisait plus que
« lui son éloge.

« Il était d'une grande bonté pour les
« artistes dans la détresse, et, plus d'une
« fois, il fut trompé et exploité par des
« misérables. »

Morton LATHAM.

Traduction revue et éditée par :

Le Dr. Samuel BONJOUR.

Nantes, 7 octobre 1905.

NANTES

IMPRIMERIE F. SALIÈRES

Rue Santeuil, 12

—

1906

9 782019 955632